Sehen · Staunen · Wissen

RITTER

Rüstungen und Waffen, Schlachten und Turniere,
Kreuzzüge und Ritterorden

Text von Christopher Gravett
Fotos von Geoff Dann

Deutsches
Kredenzmesser
(15.Jh.)

Italienischer Paradehelm (16.Jh.)

Deutsche
Hellebarde
(Ende 16.Jh.)

Gerstenberg Verlag

Sporn (15.Jh.)

Rossstirn (15.Jh.)

Ritter zu Pferde (Grabornament)

Italienische
Kesselhaube
(15.Jh.)

Deutsche
Hellebarde
(um 1500)

Deutsches
Schwert
(16.Jh.)

Die Deutsche Bibliothek – CIP-Einheitsaufnahme

Ritter : Rüstungen und Waffen, Schlachten und Turniere,
Kreuzzüge und Ritterorden / Text von Christopher Gravett.
Fotos von Geoff Dann.
[Aus dem Engl. übers. von Christina Hartkamp.
Red. Bearb. der dt.-sprachigen Ausg.: Margot Wilhelmi]. –
6. Aufl. – Hildesheim : Gerstenberg, 2000
(Sehen, Staunen, Wissen)
Einheitssacht.: Knight <dt.>
ISBN 3-8067-4442-4
NE: Gravett, Christopher; Dann, Geoff; Hartkamp,
Christina [Übers.]; Wilhelmi, Margot [Bearb.]; EST

6. Auflage 2000
Ein Dorling-Kindersley-Buch
Originaltitel: Eyewitness Guides: Knight
Copyright © 1993 Dorling Kindersley Ltd., London
Lektorat: Phil Wilkinson, Helen Parker
Layout und Gestaltung: Ann Cannings, Julia Harris
Herstellung: Louise Barratt
Bildredaktion: Kathy Lockley

Gesetzt nach neuer Rechtschreibung
Aus dem Englischen übersetzt von Christina Hartkamp
Redaktionelle Bearbeitung der deutschsprachigen Ausgabe:
Margot Wilhelmi, Sulingen
Deutsche Ausgabe Copyright © 1993 Gerstenberg Verlag,
Hildesheim

Satz: Gerstenberg Druck GmbH, Hildesheim
Printed in China
ISBN 3-8067-4442-4

Inhalt

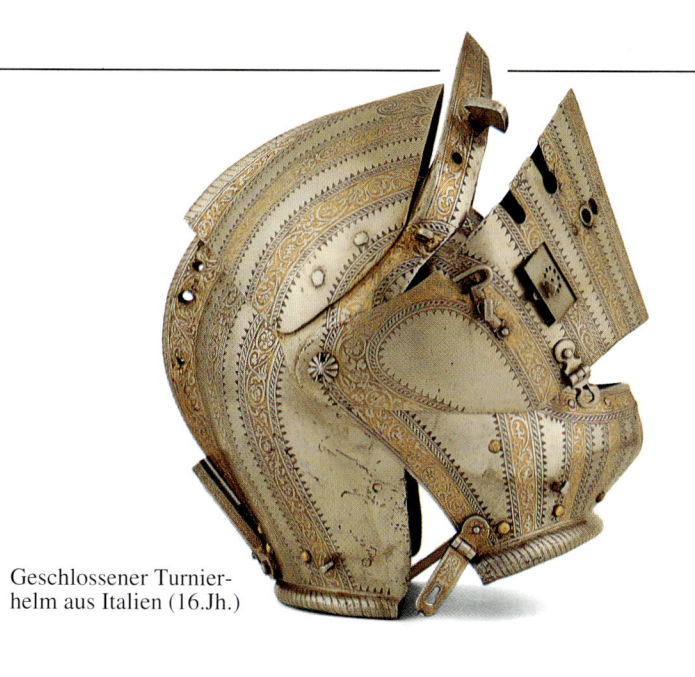

Geschlossener Turnier-
helm aus Italien (16.Jh.)

Die ersten Ritter

Im 4. Jahrhundert n.Chr. zerfiel das Römische Reich und in das ehemalige Reichsgebiet wanderten germanische Stämme ein. Einer der mächtigsten in Mittel- und Westeuropa waren die Franken, die ihren Machtbereich allmählich ausweiteten, bis ihr König Karl im Jahre 800 zum Römischen Kaiser gekrönt wurde. Wie schon seine Vorfahren stockte Karl der Große seine Reiterei auf, indem er berittenen Kriegern Land zu Lehen gab. Ende des 9. Jahrhunderts ließen innere Unruhen und Invasionen fremder Stämme das Karolingerreich zerbrechen. In dieser unsicheren Zeit boten mächtige Landadlige den Bauern Schutz, die dadurch zu Leibeigenen wurden. Die Mächtigen wiederum standen in einem Abhängigkeitsverhältnis zu einem noch Mächtigeren und alle waren durch einen Treueid gebunden. Das war das Prinzip des Feudalsystems. Die Feudal- oder Lehnsherren und einige, die ihnen dienten, waren Ritter – Männer, die Kriegsdienst zu Pferde leisteten. Im 11. Jahrhundert hatte die feudale Gesellschaft, und mit ihr der Ritterstand, ihre Blüte.

LANZE *rechts*
Lanzen mit breiten Auslegern wurden hauptsächlich von den Fußsoldaten Karls des Großen (links) verwendet, doch auch die Reiterei benutzte solche Speere, allerdings meist in kleinerer Ausführung. Die Ausleger verhinderten, dass die Waffe im Gegner stecken blieb, und waren nützlich beim Parieren feindlicher Schläge.

KAROLINGISCHE REITEREI
Unter Karl dem Großen und seinen Söhnen (den Karolingern) gewann die bewaffnete Reiterei zunehmend an Bedeutung. Diese Illustration aus dem späten 9.Jh. zeigt Ritter mit Schuppenpanzern, Helmen, Schilden und Speeren. Steigbügel halten sie fest im Sattel. Der Mann an der Spitze trägt eine Lanze mit Drachenbanner.

Scharfe, zweischneidige Klinge

Ausleger

BARBAR HOCH ZU ROSS
Als das Römische Reich zerfiel, zog es viele Reiter aus Osteuropa in den Westen. Diese Schmuckplatte zeigt einen lombardischen Reiter um 600. Im Gegensatz zu den Rittern späterer Zeiten reitet er ohne Sattel und Steigbügel.

In diese Tülle wurde der Schaft geschoben.

Zweischneidige Klinge

Parierstange aus Eisen

Hier fehlt der hölzerne Griff.

SCHARFE KLINGE
Scharfe, zweischneidige Schwerter waren sehr teuer, denn ihre Herstellung war besonders schwierig und aufwendig. Da sich anfangs nur wohlhabende Leute, die auch ein Streitross halten konnten, ein solches Schwert leisten konnten, wurde es zur typischen Waffe der Ritter.

Breites, gerundetes Blatt

KÖNIG UND ADEL
Der König und seine Gefolgsleute waren Ritter. Diese Szene aus dem 10.Jh. zeigt den König im Gespräch mit seinen Getreuen, die ihm – notfalls mit Waffengewalt – die Macht sicherten.

STREITAXT
Solche Äxte waren eine bevorzugte Waffe der Wikinger, die zu Fuß kämpften. Bei den Rittern war sie weniger beliebt. Von gut geschultem Fußvolk am meterlangen Schaft beidhändig geführt, erwies sich die Streitaxt im Kampf gegen Reiter oft als tödliche Waffe.

AXTEISEN
Viele Stämme, die nach dem Zerfall des Römischen Reichs in Europa lebten, bevorzugten lange Zeit den Kampf zu Fuß. Dieses Axteisen stammt aus Deutschland, wo sich das Rittertum nur relativ langsam durchsetzte.

ATTACKE!
Diese Illustration aus einer italienischen Handschrift von 1028 zeigt, wie die Reiterei ihre Feinde in die Flucht schlägt. Alle Ritter tragen Kettenhemden (S.12–13) mit Kapuzen und eiserne Helme. Die Sättel werden von Riemen um Brust und Hinterteil der Pferde gehalten.

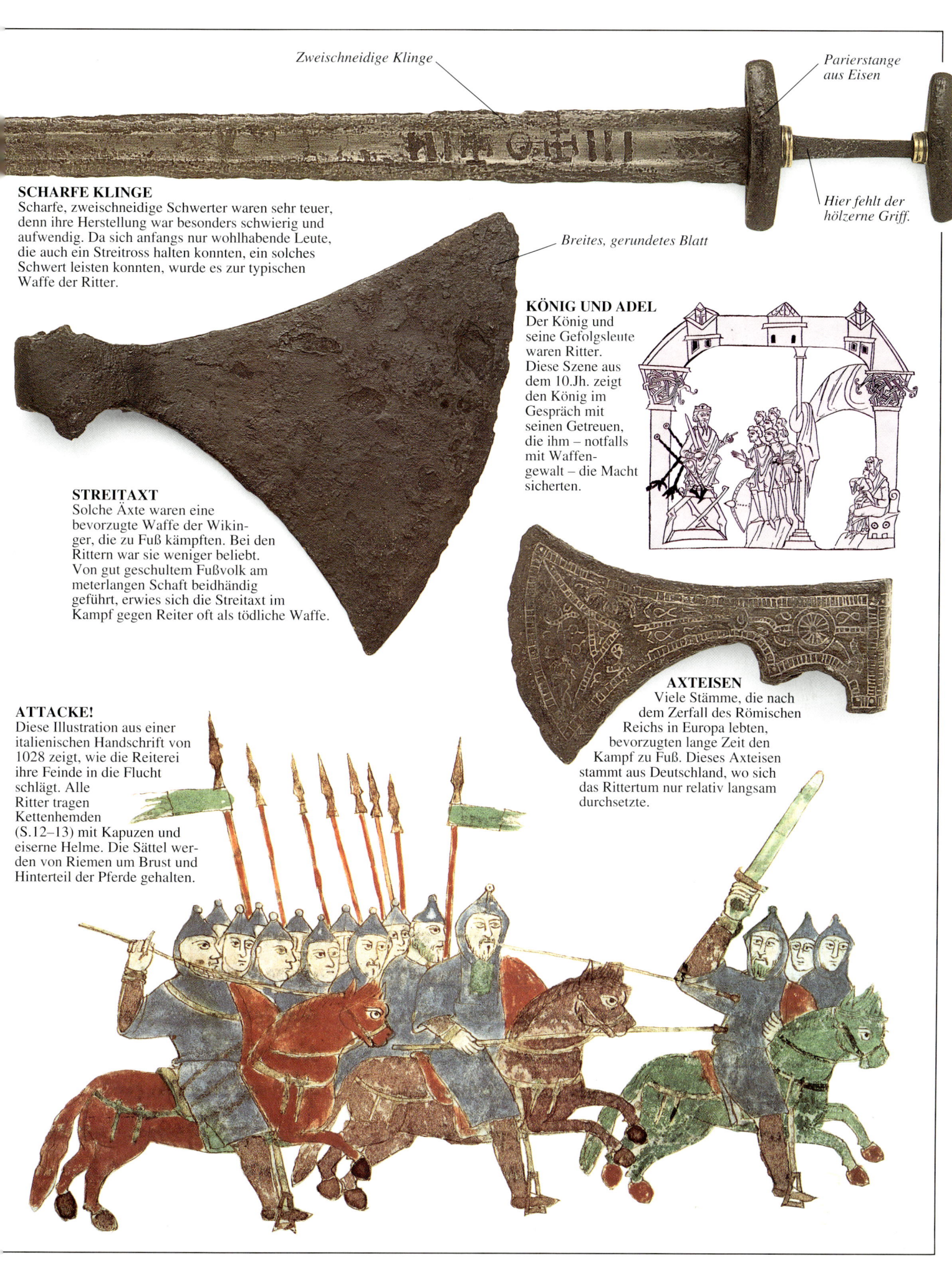

Die Normannen

INVASION VOM MEER
Mit Speeren und Normannen-schilden bewaffnete Soldaten stehen kampfbereit an Bord eines Schiffs (französische Handschrift aus dem 11.Jh.). Mit solchen Schiffen setzte die normannische Armee nach England über.

Im 9. Jahrhundert wanderten dänische Wikinger in das fränkische Gebiet um die Seinemündung ein. Um sie zu befrieden, gab Karl der Einfältige ihrem Fürsten Rollo, der den christlichen Glauben angenommen hatte, 911 das „Land der Nor(d)mannen" (die Normandie) als Lehen. Die Wikinger kämpften zu Fuß, doch in der Normandie übernahmen sie von den Franzosen den berittenen Kampf und bald waren die Normannen gefürchtete Krieger zu Pferde. Als 1066 der englische König Eduard der Bekenner starb, meldete sein Cousin Wilhelm, Herzog der Normandie, Ansprüche auf den englischen Thron an und drang mit seiner Armee in England ein. Wilhelm der Eroberer wurde 1066 nach einem vernichtenden Sieg über den neuen König Harold Alleinherrscher über England und führte Rittertum und Feudalsystem ein. Zur selben Zeit eroberten Normannen Teile Süditaliens.

Schildbuckel

SCHUTZSCHILD
Dieses Bronzefigürchen aus dem 12.Jh. zeigt, dass sich die Ritterrüstung in den 100 Jahren nach der normannischen Eroberung kaum verändert hatte. Der Bronzeritter trägt ein Kettenhemd, darunter ein langes Unterkleid mit Ärmeln. Der Helm ist vorn leicht heruntergezogen. Den Schild ziert ein dekorativer Schildbuckel.

Stachel

Hier waren Lederriemen befestigt.

STACHELSPORN
Dieser Stachelsporn (11.Jh.) ist aus verzinntem Eisen. Mit am Bügel vernieteten Riemen wurden solche Sporen am Fuß des Ritters befestigt. Sie dienten zum „Anspornen" der Pferde.

Bügel

Hier war ein Tragriemen befestigt.

Mundstück

Zweischneidige, scharfe Klinge

TEPPICH VON BAYEUX
Diese Szene aus dem berühmten Teppich von Bayeux, an dem etwa 20 Jahre gestickt wurde, zeigt normannische Ritter in Kettenhemden mit Kapuzen und Eisenhelmen mit Nasenschutz. Bewaffnet sind sie mit Schilden, Schwertern und leichten Lanzen. Die Wimpel an den Lanzen weisen sie als Männer von hohem Rang aus.

DIE SCHLACHT BEI HASTINGS

Dieser Ausschnitt aus dem Teppich von Bayeux zeigt Engländer, die auf einem Berg bei Hastings ihre Stellung verteidigen. Im Gegensatz zu den Normannen kämpften die Engländer ausschließlich zu Fuß. Rüstung und Waffen ähneln denen der Normannen, lediglich der Soldat ganz links mit seiner Streitaxt bildet eine Ausnahme. Eine Keule und Pfeile fliegen durch die Luft, in den Schilden der Engländer stecken normannische Pfeile.

FESTER GLAUBE

Die Normannen errichteten überall im neu eroberten englischen Königreich nicht nur Burgen (S.22–23), sondern auch große Kathedralen, Klöster und Kirchen. Sie bauten im romanischen Baustil, der im 11. und 12.Jh. in Europa vorherrschte. Typische Merkmale sind massive Säulen und Rundbögen, wie hier im Hauptschiff der Kathedrale von Durham.

STACHELKEULE

Diese Bronzekeule (12.Jh.) ist mit einem neuen Schaft versehen worden. Mit ihrem stachelbesetzten Kopf konnte sie einem Gegner durch das Kettenhemd hindurch die Knochen brechen.

Die Stacheln konnten durch eine Rüstung dringen.

Geschnitzte Fabelwesen

Wagenlenker

Ringkämpfer

SIGNALHORN

Mit Hörnern musizierte man und gab in der Schlacht Signale. Dieses Horn aus Süditalien (11.Jh.) ist aus Elfenbein. Die Normannen besiedelten große Teile Süditaliens und eroberten Sizilien. Die Insel, auf der sich byzantinische und muslimische Kultur durchdrangen, war Knotenpunkt bedeutender Handelswege.

Hohlkehle   *Parierstange*   *Knauf*

DURCHSCHLAGEND

Das Schwert war die Hauptwaffe des Ritters. Auf der Klinge dieses zweischneidigen Schwerts verläuft eine Rille. Dadurch wird das Schwert leichter. Der paranussförmige Knauf gleicht das Gewicht der Klinge aus.

Ritterlaufbahn

Im Alter von sieben Jahren wurden Jungen adliger Herkunft als Pagen in das Haus eines Edelmanns, meist eines Verwandten, gegeben. Der Page lernte ritterliches Benehmen und Reiten. Mit 14 wurde er Knappe bei einem Ritter; er war für Rüstung und Pferde verantwortlich und zog mit in den Krieg. Er half dem Ritter in die Rüstung und in den Sattel und leistete Hilfe bei Verwundungen, lernte den Umgang mit Waffen, aber auch alltägliche Handgriffe wie das Tranchieren von Fleisch. Knappen, die ihre militärischen Fähigkeiten und ihre Charakterstärke unter Beweis gestellt hatten, wurden mit 21 zum Ritter geschlagen.

Rückenplatte

Brustplatte

BRUSTHARNISCH EINES KNABEN
Diese Brust- und Rückenplatte sind Teil einer Rüstung, die um 1600 für einen Jungen angefertigt wurde. Nur reiche Familien konnten ihre Söhne so ausstatten.

Löcher zum Befestigen der Beintaschen

DER PAGE
Söhne aus adligen Familien, die schon in jungen Jahren an einen Fürsten- oder Königshof geschickt wurden, lernten dort die verschiedensten Dinge, z.B. einen Ritter zu bedienen, adlige Damen zu begleiten und sich gut zu benehmen.

ÜBUNG MACHT DEN MEISTER
Knappen mussten ständig ihre Muskeln und ihre Geschicklichkeit an den Waffen trainieren. Sie übten miteinander und manchmal auch mit ihren Rittern, die ebenfalls in Form bleiben mussten. Die körperliche Belastung war hart. Wer durchhielt, konnte Ritter werden. Dieses Bild aus dem 15.Jh. zeigt junge Männer bei verschiedenen sportlichen Übungen.

Steinstoßen

Speerwerfen

Turnen

Kampf mit Schwert und Faustschild

Ringkampf

Kämpfen mit Stab

DER EDELKNABE

Das Wort „Knappe" wurde im Mittelhochdeutschen gleichbedeutend mit „Knabe" verwendet. Im engeren Sinn war der Knappe der im Dienst eines Ritters stehende Edelknabe oder der Geselle im Bergbau (noch heute heißt die Zunft der Bergleute „Knappschaft"). Im Englischen hießen die „Ritterslehrlinge" *Squire*, im Französischen *Ecuyer*, was beides „Schildträger" bedeutet. Im 13.Jh. wurde es so kostspielig, Ritter zu werden, dass viele junge Männer lieber Knappen blieben.

CHAUCERS KNAPPE *oben*

Um 1386 beschrieb Geoffrey Chaucer in den *Canterbury-Geschichten* das englische Leben seiner Zeit. Eine dieser Geschichten erzählt ein 20-jähriger Knappe. Dieser Sohn eines Ritters komponierte Lieder, tanzte, zeichnete, schrieb, war ein guter Reiter und nahm an Turnieren teil. Nicht alle Knappen entsprachen diesem Ideal. In Boston gaben 1288 zwei Knappenbanden vor, ein Turnier zu veranstalten, und brannten die halbe Stadt nieder.

WAFFENÜBUNG

Knappen übten u.a. an Holzpfählen oder Stechpuppen. Zur Stärkung der Muskulatur benutzten sie Waffen, die doppelt so schwer wie die in der Schlacht verwendeten waren.

TAFELRUNDE

In einer Erzählung beschreibt Chaucer, wie der Knappe unter den Augen seines Vaters bei Tisch das Fleisch zerlegt. Das Tranchieren von Fleisch gehörte zur ritterlichen Ausbildung.

Schenkelhohe Lederstiefel

RITTERSCHLAG

Mit dem Ritterschlag, den der Herr des Knappen oder sogar der König vornahm, wurde der Knappe zum Ritter. Im 13.Jh. wurde der ursprünglich übliche Schlag mit der Handkante auf den Nacken des Ritters durch einen leichten Schwerthieb ersetzt. Als Zeichen der Ritterwürde überreichte man dem jungen Ritter ein Schwert und legte ihm Sporen an.

HÖLZERNER GEGNER

Manchmal übten Ritter an hölzernen Stech-puppen, die mit Schild und Keule bewaffnet waren. Gelang es dem Ritter nicht, die Puppe umzustoßen, drehte sie sich und die Keule traf ihn mit voller Wucht.

Stahl und Eisen

Die ersten Ritter schützten ihren Körper mit Ketten- oder Ringelpanzern aus vielen kleinen, miteinander verbundenen Eisen- oder Stahlringen. Im 12. Jahrhundert wurde der Körperschutz verbessert: Die Ärmel wurden länger, die Beine steckten von nun an in eisernen Beinlingen. Als zusätzlichen Schutz vor Schwertschlägen trug man häufig ein Steppwams unter dem Panzer. Im 14. Jahrhundert ergänzte man die Kettenrüstung durch Plattenpanzer zum Schutz der Gliedmaßen und später auch durch einen Plattenrock für den Rumpf. Bereits um 1400 besaßen einige Ritter eine vollständige Plattenrüstung. Diese wog zwar 20 bis 25 kg, aber ein durchtrainierter Ritter war auch ohne fremde Hilfe in der Lage zu laufen oder aufs Pferd zu steigen. Dass man Ritter mit Kränen in den Sattel hob, ist ein Märchen. Einen großen Nachteil hatten die Rüstungen allerdings: Man schwitzte darin gewaltig.

KETTENPANZER
Bei diesem Ringelpanzer ist jeder Ring mit vier anderen verbunden. Das Gewicht des Kettenhemds (9–14 kg) lastete hauptsächlich auf den Schultern. Heftige Schläge konnte die flexible Rüstung nicht abfedern, sodass es häufig zu Knochenbrüchen oder Quetschungen kam.

ZIMIER
Dieser Ritter des 14.Jh.s trägt einen Helm mit Helmbusch, der als Erkennungszeichen in der Schlacht diente. Solche Helme wurden bald durch Beckenhauben mit Visieren abgelöst.

RINGELHEMD
Diese Darstellung aus dem 15.Jh. zeigt einen Waffenschmied, der mit Zangen Kettenglieder zusammenfügt. Durch Zugabe von Kettengliedern wurde das Hemd weiter, durch Verringerung schmaler (wie beim Stricken).

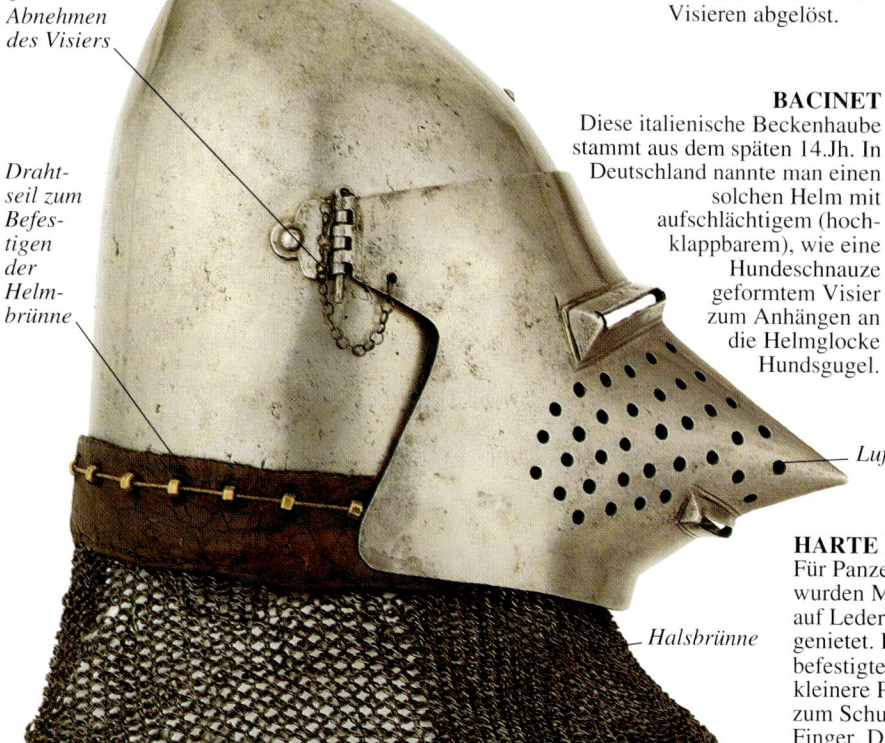

Steckscharnier zum Abnehmen des Visiers

Drahtseil zum Befestigen der Helmbrünne

BACINET
Diese italienische Beckenhaube stammt aus dem späten 14.Jh. In Deutschland nannte man einen solchen Helm mit aufschlächtigem (hochklappbarem), wie eine Hundeschnauze geformtem Visier zum Anhängen an die Helmglocke Hundsgugel.

Luftlöcher

Halsbrünne

HARTE HAND
Für Panzerhandschuhe wurden Metallplatten auf Lederhandschuhe genietet. Daran befestigte man kleinere Platten zum Schutz der Finger. Die Stulpen dieser Handschuhe (Mailand, Ende 14.Jh.) tragen die lateinische Inschrift *AMOR* (Liebe).

SCHALLERN
Reiter mit leichterer Rüstung trugen oft Helme wie diesen deutschen Schallern (1480–1510). Ursprünglich hatte der Helm einen Kinnriemen.

Visier mit Sehschlitz

Riefeldekoration im gotischen Stil

BARBUTA
Italienische Kesselhauben wie diese von 1445 erinnern an alte korinthische Helme. Die Rosettennieten waren im Helm durch ein Segeltuchband abgefüttert. Daran war ein Futter genäht, damit der Helm nicht scheuerte.

Spitze Stulpe

Handdecke aus mehreren Geschüben

Den Fingerknöcheln angepasste Platte

PANZERHANDSCHUH
Beim Ende des 15.Jh.s für deutsche Rüstungen beliebten gotischen Stil wurden die Fingerplatten (hier nicht abgebildet) auf einen Handschuh genietet. Plattenrüstungen boten einen besseren Schutz als Kettenrüstungen, da sie bei feindlichen Treffern nicht nachgaben.

PLATTENHARNISCH
Der Ritter links (1340) trägt über einem Steppwams ein Kettenhemd und darüber einen Plattenrock. Kurzer Waffenrock und metallene Beinschienen vervollständigen die Rüstung. Der Ritter rechts (1420) trägt einen vollständigen Plattenharnisch.

AUS DEM SATTEL GEHOBEN
Zum Schutz gegen Lanzenstiche und Keulenhiebe trugen auch vollständig gerüstete Ritter große Schilde wie auf dieser Zeichnung von Matthew Paris (1. Hälfte 13.Jh.). Um 1400 wurden dank der Plattenharnische die Schilde sehr viel kleiner.

BETENDER RITTER
Dieser Ritter (um 1250) trägt über seinem Kettenpanzer einen Waffenrock aus Stoff. Die Kettenärmel laufen in Handschuhen aus, bei denen die Handflächen zum besseren Halt mit Leder besetzt sind.

Rüstungsmoden

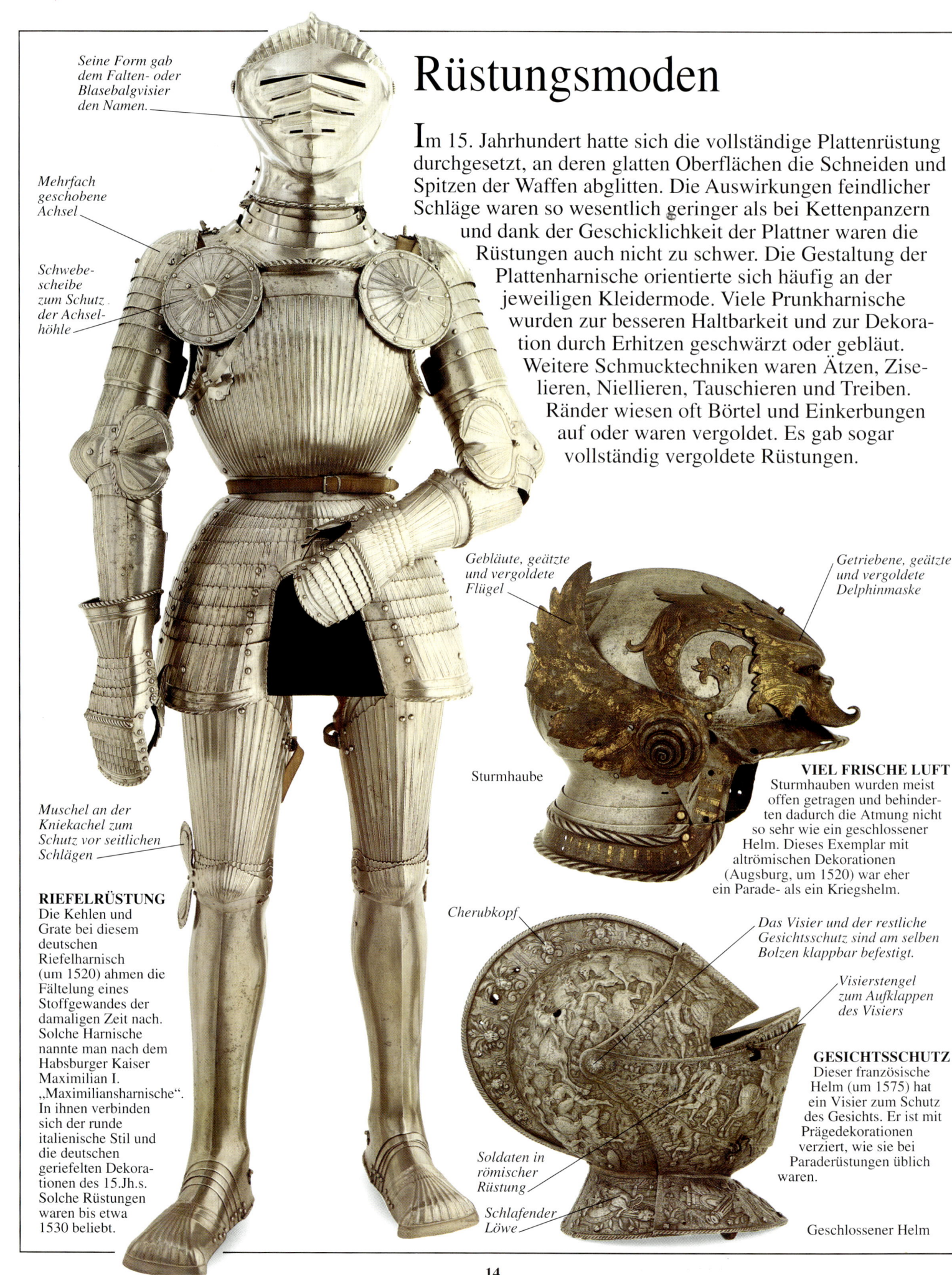

Im 15. Jahrhundert hatte sich die vollständige Plattenrüstung durchgesetzt, an deren glatten Oberflächen die Schneiden und Spitzen der Waffen abglitten. Die Auswirkungen feindlicher Schläge waren so wesentlich geringer als bei Kettenpanzern und dank der Geschicklichkeit der Plattner waren die Rüstungen auch nicht zu schwer. Die Gestaltung der Plattenharnische orientierte sich häufig an der jeweiligen Kleidermode. Viele Prunkharnische wurden zur besseren Haltbarkeit und zur Dekoration durch Erhitzen geschwärzt oder gebläut. Weitere Schmucktechniken waren Ätzen, Ziselieren, Niellieren, Tauschieren und Treiben. Ränder wiesen oft Börtel und Einkerbungen auf oder waren vergoldet. Es gab sogar vollständig vergoldete Rüstungen.

Seine Form gab dem Falten- oder Blasebalgvisier den Namen.

Mehrfach geschobene Achsel

Schwebescheibe zum Schutz der Achselhöhle

Gebläute, geätzte und vergoldete Flügel

Getriebene, geätzte und vergoldete Delphinmaske

Sturmhaube

VIEL FRISCHE LUFT
Sturmhauben wurden meist offen getragen und behinderten dadurch die Atmung nicht so sehr wie ein geschlossener Helm. Dieses Exemplar mit altrömischen Dekorationen (Augsburg, um 1520) war eher ein Parade- als ein Kriegshelm.

Muschel an der Kniekachel zum Schutz vor seitlichen Schlägen

RIEFELRÜSTUNG
Die Kehlen und Grate bei diesem deutschen Riefelharnisch (um 1520) ahmen die Fältelung eines Stoffgewandes der damaligen Zeit nach. Solche Harnische nannte man nach dem Habsburger Kaiser Maximilian I. „Maximiliansharnische". In ihnen verbinden sich der runde italienische Stil und die deutschen geriefelten Dekorationen des 15.Jh.s. Solche Rüstungen waren bis etwa 1530 beliebt.

Cherubkopf

Das Visier und der restliche Gesichtsschutz sind am selben Bolzen klappbar befestigt.

Visierstengel zum Aufklappen des Visiers

GESICHTSSCHUTZ
Dieser französische Helm (um 1575) hat ein Visier zum Schutz des Gesichts. Er ist mit Prägedekorationen verziert, wie sie bei Paraderüstungen üblich waren.

Soldaten in römischer Rüstung

Schlafender Löwe

Geschlossener Helm

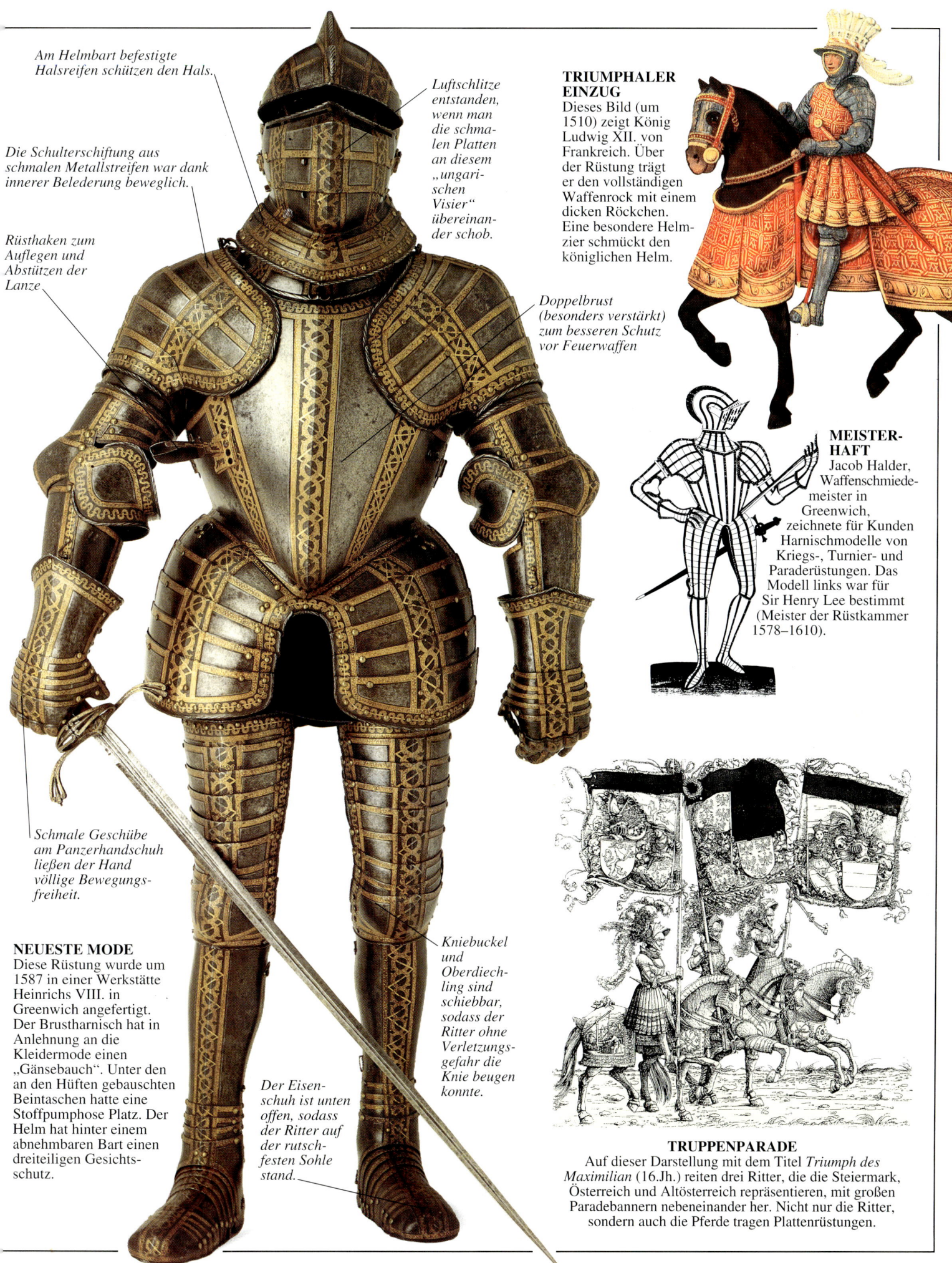

Am Helmbart befestigte Halsreifen schützen den Hals.

Die Schulterschiftung aus schmalen Metallstreifen war dank innerer Belederung beweglich.

Rüsthaken zum Auflegen und Abstützen der Lanze

Luftschlitze entstanden, wenn man die schmalen Platten an diesem „ungarischen Visier" übereinander schob.

Doppelbrust (besonders verstärkt) zum besseren Schutz vor Feuerwaffen

Schmale Geschübe am Panzerhandschuh ließen der Hand völlige Bewegungsfreiheit.

NEUESTE MODE
Diese Rüstung wurde um 1587 in einer Werkstätte Heinrichs VIII. in Greenwich angefertigt. Der Brustharnisch hat in Anlehnung an die Kleidermode einen „Gänsebauch". Unter den an den Hüften gebauschten Beintaschen hatte eine Stoffpumphose Platz. Der Helm hat hinter einem abnehmbaren Bart einen dreiteiligen Gesichtsschutz.

Kniebuckel und Oberdiechling sind schiebbar, sodass der Ritter ohne Verletzungsgefahr die Knie beugen konnte.

Der Eisenschuh ist unten offen, sodass der Ritter auf der rutschfesten Sohle stand.

TRIUMPHALER EINZUG
Dieses Bild (um 1510) zeigt König Ludwig XII. von Frankreich. Über der Rüstung trägt er den vollständigen Waffenrock mit einem dicken Röckchen. Eine besondere Helmzier schmückt den königlichen Helm.

MEISTERHAFT
Jacob Halder, Waffenschmiedemeister in Greenwich, zeichnete für Kunden Harnischmodelle von Kriegs-, Turnier- und Paraderüstungen. Das Modell links war für Sir Henry Lee bestimmt (Meister der Rüstkammer 1578–1610).

TRUPPENPARADE
Auf dieser Darstellung mit dem Titel *Triumph des Maximilian* (16.Jh.) reiten drei Ritter, die die Steiermark, Österreich und Altösterreich repräsentieren, mit großen Paradebannern nebeneinander her. Nicht nur die Ritter, sondern auch die Pferde tragen Plattenrüstungen.

Rüstung im Detail

Rüstungen stellt man sich steif und unbequem vor. Doch um auf dem Schlachtfeld von Nutzen zu sein, mussten sie möglichst leicht und beweglich sein. Die Plattner (Waffenschmiede) setzten ihren Ehrgeiz darein, die Platten so miteinander zu verbinden, dass sie sich den Bewegungen des Trägers anpassten. Das erreichte man z.B. durch von innen beledere Geschübe oder durch Geschübe mit eisernen Gleitnieten, die sich in einem Lochschlitz hin und her bzw. auf und ab bewegten. Oft wurden Platten zusammengenietet; das machte sie am Nietpunkt drehbar. Röhrenförmige Platten hatten meist einen hochgezogenen oder flanschartigen Rand, der in das Ende einer zweiten röhrenförmigen Platte passte, sodass sich die beiden Teile umeinander drehen konnten.

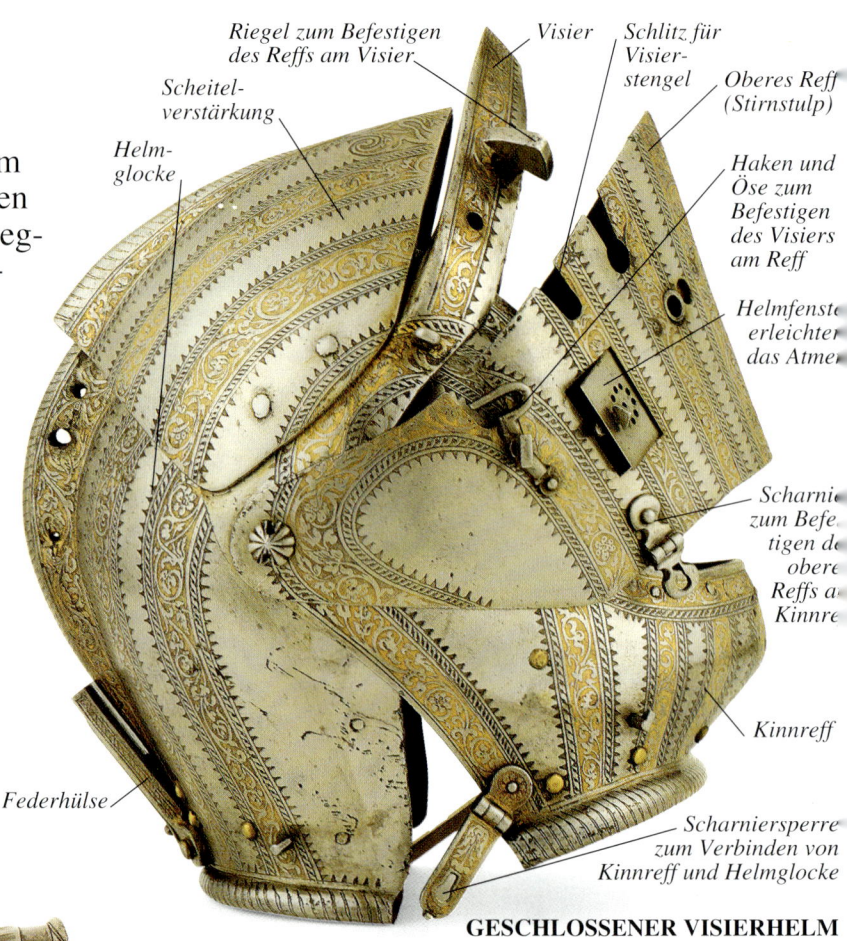

Scheitelverstärkung
Helmglocke
Riegel zum Befestigen des Reffs am Visier
Visier
Schlitz für Visierstengel
Oberes Reff (Stirnstulp)
Haken und Öse zum Befestigen des Visiers am Reff
Helmfenster erleichtert das Atmen
Scharnier zum Befestigen des oberen Reffs am Kinnreff
Kinnreff
Federhülse
Scharniersperre zum Verbinden von Kinnreff und Helmglocke

GESCHLOSSENER VISIERHELM
Bei diesem geätzten Helm (Norditalien, um 1570) ist ein verstärktes Scheitelstück mit der Helmglocke vernietet. Visier, Kinn- und Stirnreff sind an denselben Zapfen auf beiden Seiten des Helms befestigt.

Fingerplatten
Scharnier
Riefeldekoration
Daumenschutz

Dank Verbindungsnieten sind die Fingerplatten beweglich.
Niet zum Befestigen des Handschuhs

HENTZE
Mit diesem Panzerhandschuh (Deutschland, um 1515) konnte der Ritter die Hand zur Faust ballen. Die Fingergeschübe sind an jeder Seite vernietet, sodass sie sich nach unten drehen können, wenn sich die Faust schließt.

SCHWEISSTREIBENDE ARBEIT
Diese Abbildung zeigt Plattner, die im Brennofen (hinten) ein Stück Metall erhitzt haben und es auf einem Amboss in Form hämmern.

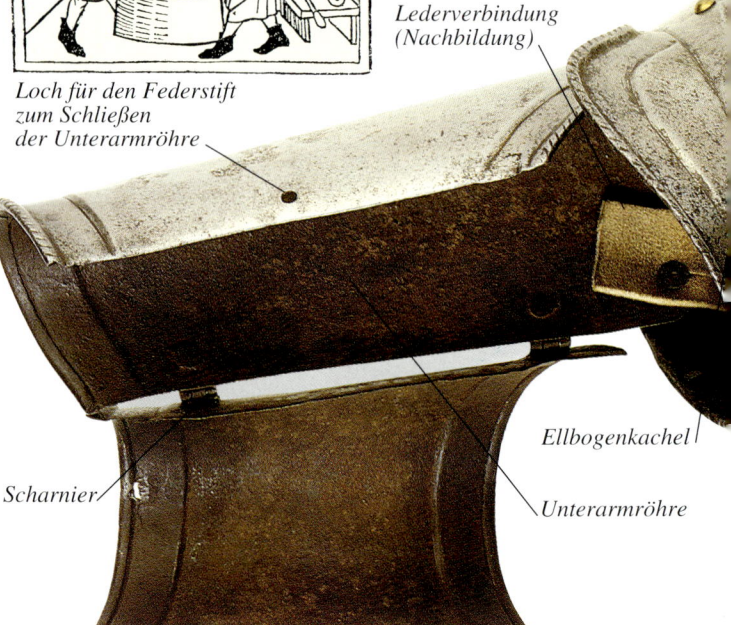

Lederverbindung (Nachbildung)

Loch für den Federstift zum Schließen der Unterarmröhre

Ellbogenkachel

Scharnier

Unterarmröhre

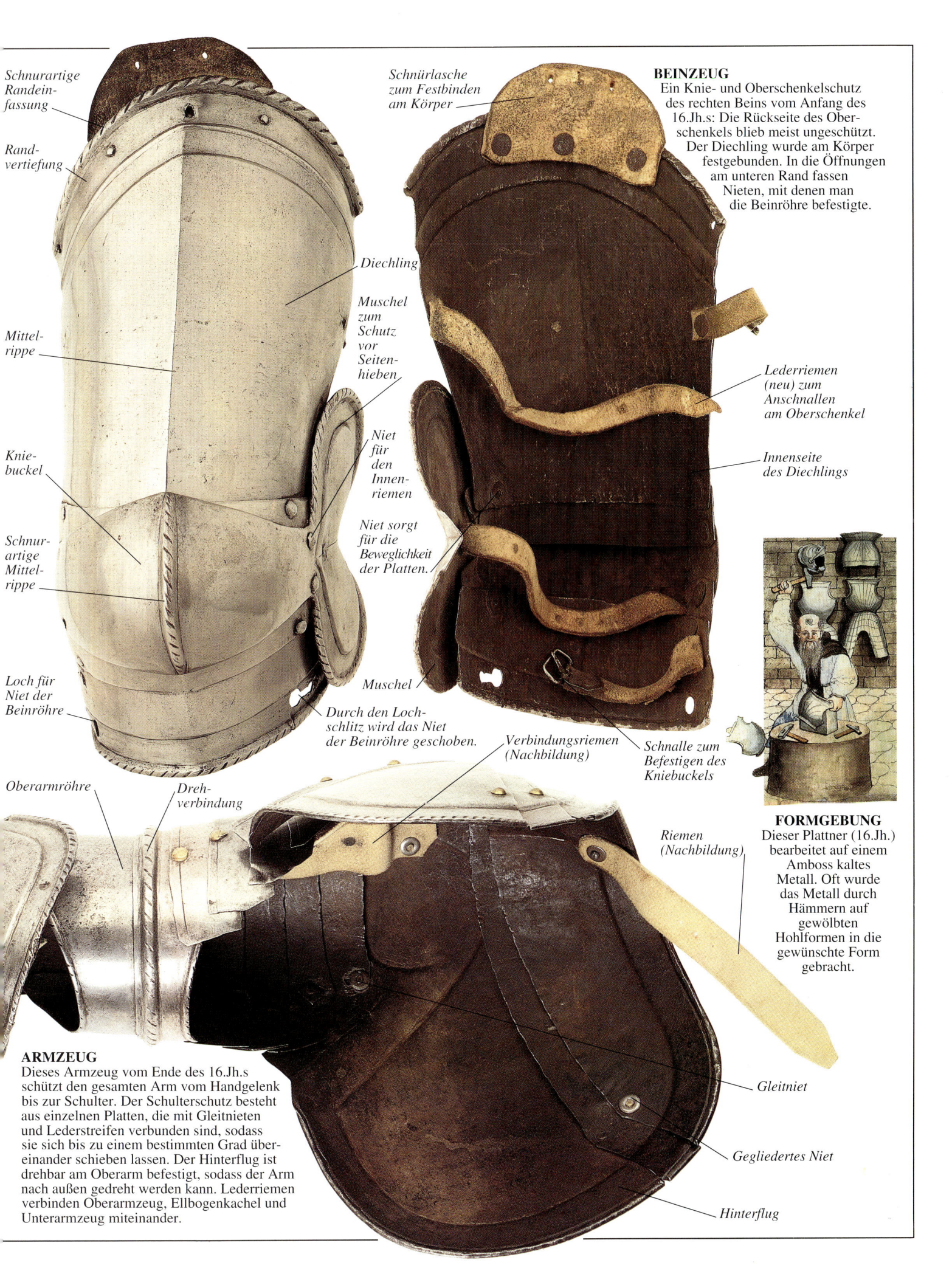

Schnurartige
Randein-
fassung

Rand-
vertiefung

Mittel-
rippe

Knie-
buckel

Schnur-
artige
Mittel-
rippe

Loch für
Niet der
Beinröhre

Oberarmröhre

Dreh-
verbindung

Schnürlasche
zum Festbinden
am Körper

Diechling

Muschel
zum
Schutz
vor
Seiten-
hieben

Niet
für
den
Innen-
riemen

Niet sorgt
für die
Beweglichkeit
der Platten.

Muschel

Durch den Loch-
schlitz wird das Niet
der Beinröhre geschoben.

BEINZEUG
Ein Knie- und Oberschenkelschutz
des rechten Beins vom Anfang des
16.Jh.s: Die Rückseite des Ober-
schenkels blieb meist ungeschützt.
Der Diechling wurde am Körper
festgebunden. In die Öffnungen
am unteren Rand fassen
Nieten, mit denen man
die Beinröhre befestigte.

Lederriemen
(neu) zum
Anschnallen
am Oberschenkel

Innenseite
des Diechlings

Verbindungsriemen
(Nachbildung)

Schnalle zum
Befestigen des
Kniebuckels

Riemen
(Nachbildung)

FORMGEBUNG
Dieser Plattner (16.Jh.)
bearbeitet auf einem
Amboss kaltes
Metall. Oft wurde
das Metall durch
Hämmern auf
gewölbten
Hohlformen in die
gewünschte Form
gebracht.

Gleitniet

Gegliedertes Niet

Hinterflug

ARMZEUG
Dieses Armzeug vom Ende des 16.Jh.s
schützt den gesamten Arm vom Handgelenk
bis zur Schulter. Der Schulterschutz besteht
aus einzelnen Platten, die mit Gleitnieten
und Lederstreifen verbunden sind, sodass
sie sich bis zu einem bestimmten Grad übereinander schieben lassen. Der Hinterflug ist
drehbar am Oberarm befestigt, sodass der Arm
nach außen gedreht werden kann. Lederriemen
verbinden Oberarmzeug, Ellbogenkachel und
Unterarmzeug miteinander.

Die Waffen der Ritter

Das Schwert war die wichtigste Waffe des Ritters und das Symbol des Rittertums schlechthin. Bis Ende des 13. Jahrhunderts kämpfte man mit dem zweischneidigen Schwert. Mit dem Aufkommen der Plattenrüstung wurden die Schwerter dann spitzer, damit sie besser in die Lücken zwischen den Platten eindringen konnten. Auch wurde die Keule immer wichtiger. Bevor ein Ritter aber sein Schwert zog oder die Keule schwang, galoppierte er meist mit gesenkter Lanze auf den Gegner zu. Im Laufe des Mittelalters wurden die Lanzen immer länger und schwerer, die Lanzenspitzen immer härter und spitzer. Um 1300 begann man die Lanzen zum Schutz der Hand mit runden Brechscheiben auszustatten. Die eher unhandlichen Stangenwaffen fanden mehr im Fußkampf Verwendung, während man zu Pferde leichtere Waffen, u.a. die Streitaxt, bevorzugte.

BEREIT
Mit dem auf diesem Grabmal abgebildeten Schwert konnte man Glieder einer Kettenrüstung auseinander schlagen und sie in die Wunde bohren.

LANZE UNTERM ARM
In geschlossener Formation trabten die Ritter mit eingelegten Lanzen auf den Feind los. Erst wenn sie nahe genug herangekommen waren, stürmten sie los.

GLÄNZENDES SCHWERT
Die Parierstange dieses Schwerts (um 1460) ist aus vergoldetem Kupfer.

Parierstange aus vergoldetem Kupfer

Knauf in Form eines Fischschwanzes

Horngriff

Vorstehende Rippe

STREITKOLBEN
Streitkolben mit vorstehenden Rippen zur Verbesserung der Schlagkraft gab es etwa vom 11.Jh. an. Mit zunehmender Verbreitung der Plattenharnische im 14.Jh. wurden sie immer beliebter. Das Exemplar rechts ist aus Bronze. Eine stachelige Eisenkugel, mit Kette an einem Schaft befestigt, nannte man Morgenstern. Morgensterne wurden vorwiegend von Fußkämpfern verwendet.

Schaft (Nachbildung)

Zeichen des Herstellers

HIEB UND STICH
Anfang des 14.Jh.s wurde das Schwert vorwiegend als Hiebwaffe eingesetzt. Die Untersuchung von Skeletten aus der damaligen Zeit zeigt, dass die Schläge schreckliche Knochenverletzungen verursachten.

Fischschwanzknauf

Mit Band umwickelter Griff (Nachbildung)

GROSSES SCHWERT
Bidenhander wurden mit beiden Händen geführt und waren manchmal so schwer, dass nur die stärksten Männer mit ihnen kämpfen konnten. Das abgebildete Exemplar (um 1450) stammt wahrscheinlich aus England. Oft hängte ein Ritter sich noch ein zusätzliches Schwert an den Sattel (Sattelbaumschwert).

Rautenförmiger Querschnitt

Rautenförmige Klinge

Parierstange

Mit Band umwickelter Griff (Nachbildung)

Radförmiger Knauf

TREFFSICHER
Bei diesem spitzen Kriegsschwert aus der zweiten Hälfte des 14.Jh.s ist die Klinge nicht mehr wie früher mit einer Hohlkehle versehen, sondern durch ein schärferes rautenförmiges Blatt ersetzt worden. Das erhöhte die Gefährlichkeit der Waffe. Die Spitze konnte die Glieder eines Ringelpanzers sprengen.

TOD ODER EHRE
Beim Aufeinanderprallen zweier Reiter mit etwa 96 km/h wurde die spitze Lanze zu einer tödlichen Waffe. Auf diesem Bild (15.Jh.) hat ein Ritter seine Lanze am gegnerischen Schild vorbei durch die Rüstung in den Körper des Kontrahenten gestoßen. Der Krieger links kämpft mit einem Schwert mit schwerer Klinge (Falchion). Auf dem Boden liegt ein Streithammer.

EDLE WAFFE
Dieses Schwert vom Ende des 15.Jh.s gehörte wahrscheinlich einem wohlhabenden Mann. Im Knauf hat es eine Vertiefung für eine Platte mit dem Wappen des Besitzers.

Feigenförmiger Knauf

Vertiefung für Wappenschild

STREITAXT
Zu Pferde zogen die Ritter die kleine einhändige Version der beidhändigen Streitaxt vor. Bei dem rechts abgebildeten Exemplar ist das Axtblatt mit zusätzlichen Federn am Schaft befestigt, um zu verhindern, dass es abgeschlagen wurde. Dem halbmondförmigen Axtblatt gegenüber befindet sich eine schnabelförmige Spitze.

Schaftfedern

GEMETZEL
Beim Kampf mit Schwert und Dolch musste man auf Kehle oder Gesicht des Gegners zielen, wenn man ihn töten wollte. Wie scharfe Schwerter konnten auch Dolche die Kettenpanzer durchdringen (Miniatur vom Ende des 15.Jh.s).

Einschneidige Klinge

Reste von Goldverzierungen

Metallscheibe

RITTERDOLCH
Bis zum 14.Jh. verwendeten Ritter kaum Dolche. Solch einen Scheibendolch (Ende 15.Jh.), so genannt wegen der zum Schutz der Hand an beiden Seiten des Griffs angebrachten Eisenscheiben, trug der Ritter in einer verzierten Lederscheide.

Hoch zu Ross

Ein Pferd war zwar teuer, aber für einen Ritter unerlässlich. Auf Pferden zogen die Ritter in den Krieg, gingen auf die Jagd und ritten Turniere. Auch für den Gepäcktransport benutzten sie Pferde. Am kostspieligsten war das Streitross, ein edler Hengst. Er musste kräftig, aber gewandt sein und immer gut in Form gehalten werden. Ritter schätzten Streitrosse aus Italien, Frankreich und Spanien. Die Pferderasse, die dem damaligen Kriegsross heute noch am nächsten kommt, ist der spanische Andalusier. Vom 13. Jahrhundert an besaß jeder Ritter mindestens zwei Kampfpferde und darüber hinaus weitere Pferde für verschiedene Aufgaben. So ritt er auf Reisen lieber den Zelter (oder Tölter), ein ruhiges Pferd, das im Passgang (Tölt) ging. Für den Gepäcktransport wurden spezielle Packpferde gezüchtet.

KÖNIGLICH
Diese Miniatur von Anfang des 14.Jh.s zeigt den König von England auf seinem Schlachtross. Die reich verzierte Schabracke (Pferdedecke) war oft mit Wappen verziert und zusätzlich gepolstert. Es gab auch Schabracken aus Kettengliedern.

SCHLACHTROSS
Auch die Kriegspferde trugen Rüstung. Der Panzer bedeckte meist Kopf, Nacken und Brust. Darüber deckte man häufig Stoffschabracken. Der Ritter auf diesem Bild hat lange Sporen und reitet mit durchgestreckten Beinen.

Geätzte und vergoldete Ornamente

Bewegliche Eisenge-schübe

Riemenöse

Tritt

KLEINER ANSPORN
Mit Sporen wurden die Ritterpferde zu Höchstleistungen „angespornt". Dieser Stachelsporn (12./13.Jh.) besteht aus verzinntem Eisen. Die beiden Lederriemen, mit denen der Sporn am Fuß befestigt wurde, waren jeweils mit dem Ende eines Bügels vernietet.

Stachel

Spornrad

SPORNRAD *rechts*
Bis Ende des 14.Jh.s hatten Sporen, an deren Ende sich Rädchen mit Stacheln drehten, die einfachen Stachelsporen abgelöst. Dieses Spornrad (2. Hälfte 15.Jh.) ist verzinnt und vergoldet.

SATTELFEST
Solche eisernen Steigbügel (14.Jh.) waren an langen Lederriemen befestigt. Die Ritter standen fast in ihnen. Für zusätzliche Sattelfestigkeit beim Kampf sorgte ein vorn und hinten erhöhter Sattelbogen.

Dorn mit Spiralmuster

Federbuschhalter aus Messing

IM FLUG
Dieser Holzschnitt (Ende 15.Jh.) zeigt einen berittenen Boten. Das Pferd ist flink und kräftig, sodass es lange Strecken schnell zurücklegen kann.

Flanschartiger Augenschutz

EDLE STIRN
Pferderüstungen waren teuer und nicht allgemein üblich. Wenn sich ein Ritter nur eine Teilrüstung leisten konnte, wählte er meistens die Rossstirn, einen Schutz für den Kopf des Pferdes, den es wahrscheinlich seit dem 12.Jh. gibt. Diese um einen Mähnenpanzer (Kanz) ergänzte Rossstirn (Norditalien, um 1570) ist mit Ätz- und Goldornamenten reich verziert. Beweglich wurde der Halspanzer durch beleederte eiserne Geschübe.

Maulschutz

STARKES STREITROSS
Streitrosse mussten kräftig sein, um die schwer gepanzerten Ritter tragen zu können.

Kinnkette

Verzierter Metallbuckel

Schädelplatte

AN DER KANDARE
Kandarengebisse verwendete die Kavallerie vom Spätmittelalter bis ins 19.Jh. Die Anzüge üben Druck auf das Maul des Pferdes aus. So lässt es sich lenken.

MAULKORB
Dieser Maulkorb besteht aus einem Stahlrahmen mit durchbrochenen Platten und ziselierten Querriegeln. Oben befindet sich eine Inschrift, darunter die Jahreszahl 1561 sowie ein Doppeladler und zwei Eidechsen als Schildhalter.

Zügelring

STIRNSCHUTZ *rechts*
An dieser Rossstirn (um 1460) ist mit einem Messingscharnier eine Platte zum Schutz des Schädels befestigt. Dorn und Scheibe fehlen. An den Nieten war ursprünglich ein Innenfutter befestigt.

Die Burg

Die mittelalterliche Burg war meist Wohn- und Wehrgebäude in einem. Die ersten Burgen entstanden wahrscheinlich im 9. Jahrhundert in Nordwestfrankreich zum Schutz vor Aufständischen und vor Übergriffen der Wikinger. Anfangs bestand die Mehrzahl der Burgen aus Erdwerk und Holz, ab etwa 1150 wurden dann Steine und später Ziegel bevorzugt, aus denen sich wesentlich dauerhaftere und feuerfestere Anlagen bauen ließen. Gegen Ende des 15. Jahrhunderts verloren die Burgen u.a. durch den verstärkten Einsatz von Kanonen und höhere Komfortansprüche der Adligen langsam an Bedeutung. Die Wehrfunktion der Burg übernahmen eigens zu diesem Zweck errichtete militärische Festungsanlagen.

SCHMALER LICHTSPALT
Fenster in Bodennähe wurden aus Angst vor Eindringlingen und Geschossen außen sehr schmal gebaut. Nach innen verbreiterten sie sich keilförmig, damit möglichst viel Licht einfiel.

MOTTE MIT AUSSENHOF
Etwa ab dem 11.Jh. gab es sogenannte Motten: Auf einem meist künstlich aufgeschütteten Erdhügel stand ein Wohn- und Wehrturm. An dessen Fuß lag ein Wirtschaftshof als Vorburg. Ein breiter Graben umgab die Anlage.

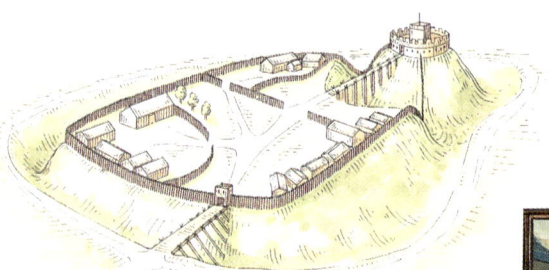

TÜRME AUS STEIN
Ab dem 11.Jh. setzten sich steinerne Türme durch. Die Wohntürme Englands und Frankreichs (*Keep* bzw. *Donjon*) boten Platz für den Burgherrn und seinen Haushalt. Der deutsche „Bergfried" diente den Burgbewohnern dagegen nur als Zufluchtsort.

STEIN AUF STEIN
Der Bau von Steinburgen kostete ein Vermögen und viele Jahre Arbeit. Burgherr und Maurermeister wählten einen geeigneten Standort aus und entwarfen einen Grundriss. Große Mengen Steine waren heranzuschaffen, außerdem benötigte man Kalk, Sand und Wasser für den Mörtel. Material und Arbeitskräfte stellte normalerweise der Burgherr.

VERTEIDIGUNGS-LINIEN
Burganlagen mit einer äußeren Ringmauer und einer inneren Schildmauer gibt es etwa seit dem 13.Jh. Einige alte Burgen mit *Keep* versah man nachträglich mit Schutzwällen. Manchmal nutzte man auch Flüsse als natürliche Barrieren oder legte tiefe Wassergräben an.

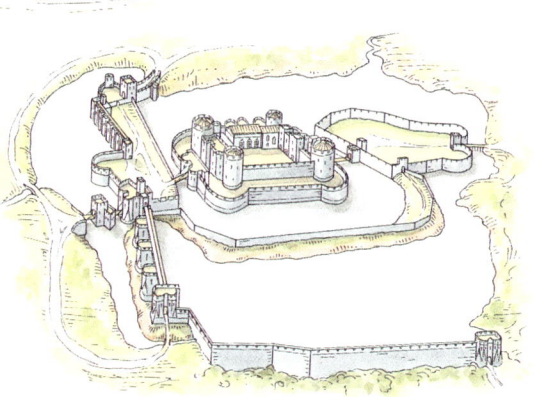

RISSE IN DER BURG
Bei manchen Motten ersetzte man die Holzeinfriedungen später durch Steinmauern oder baute einen Steinturm. Manchmal war allerdings der Steinturm zu schwer für den künstlichen Hügel. Dann bekam er Risse wie hier Clifford's Tower in York/England (13.Jh.).

TORHAUS
Das Torhaus einer Burg war besonders stark gesichert. Das Tor der Burg von Dover/England wird von zwei massiven Rundtürmen flankiert. Die Wände sind nach unten abgeschrägt. Dicke Fundamente sollten unterirdisches Eindringen verhindern. Ein tiefer Trockengraben bot zusätzlichen Schutz.

Holzverkleidete Wehrgänge ermöglichten es den Soldaten, bis auf den Mauerfuß hinabzusehen.

Steinerne Wendeltreppe

Kapelle

IM TURM

Ein großer *Keep* wie der von Rochester bot genug Platz für Burgherrn und Gefolge. Im Erdgeschoss lagerten Vorräte. Der erste Stock war Garnisonssitz. Darüber lagen Speise- und Schlafräume. Ganz oben wohnten der Burgherr und seine Familie.

Wohnräume des Burgherrn

Großer Saal

Wachtstube

Vorratslager

BESTE LAGE

Diese Ansicht des *Keep* von Rochester zeigt den starken äußeren Verteidigungswall, der die Burg umgibt.

MÄCHTIGER TURM

Sowohl die Bergfriede der deutschen als auch die *Donjons* der französischen und die *Keeps* der englischen Burgen hatten enorm starke Wände. In Rochester (Baubeginn 1087) sind sie am Fundament 3,7 m dick, der Turm hat eine Höhe von 21 m. Der Eingang befand sich im ersten Stock und war oft durch einen Vorbau geschützt. Im Keller war ein Brunnen für die Trinkwasserversorgung im Belagerungsfall.

Zinne

Eckturm

Wandverstärkung

Das ursprünglich kleine Fenster wurde nachträglich vergrößert.

Zinne am Vorbau

Kapellenfenster

Vorgebäude mit Eingangstür und Treppe

Zugbrückenschacht

Die unteren Fenster sind zum Schutz vor feindlichen Geschossen sehr klein.

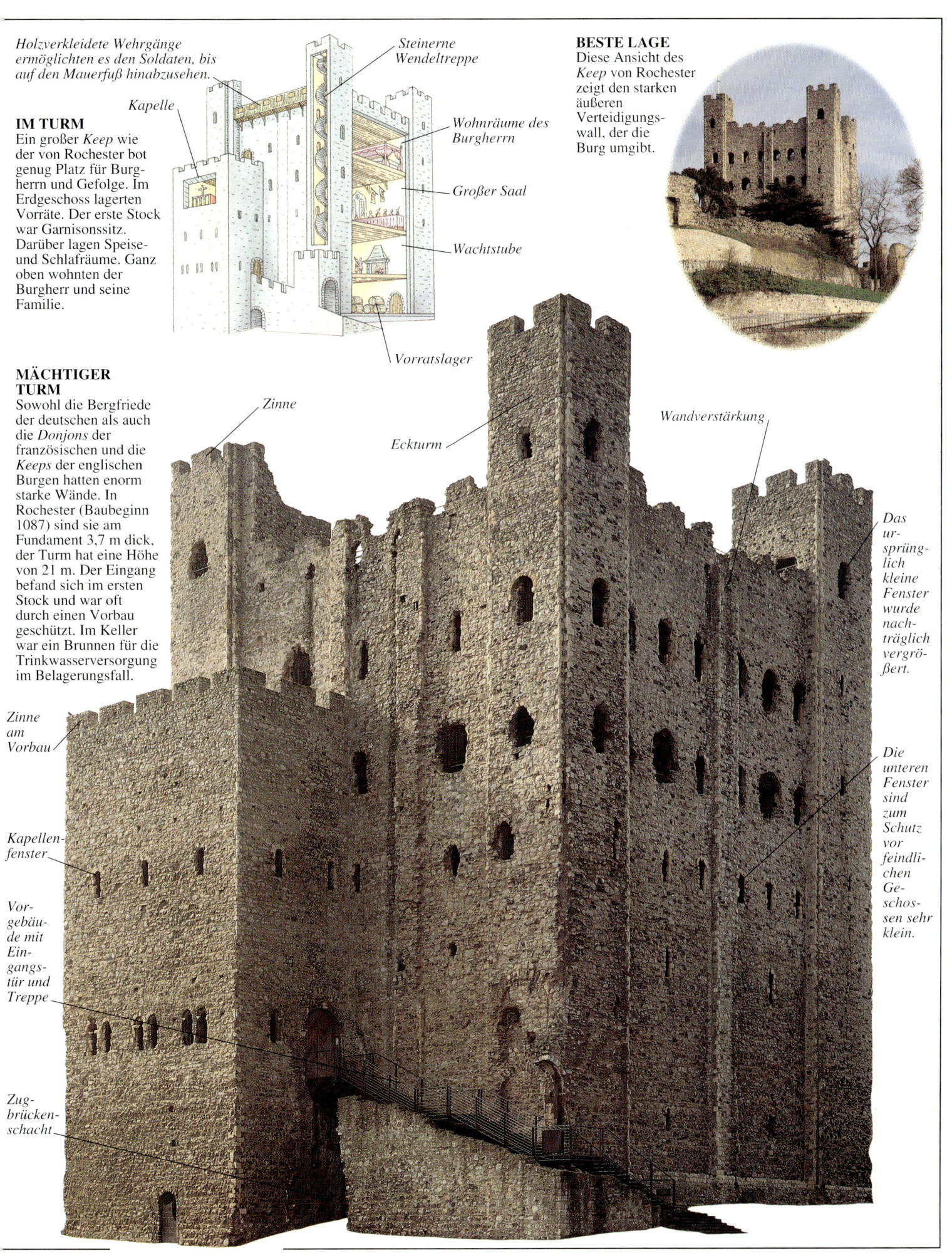

Schützende Mauern

Burgen waren Befestigungsanlagen zum Schutz gegen Feinde. Angreifer mussten zunächst den manchmal mit spitzen Pfählen oder Fußangeln gesicherten Ringgraben überwinden. Wenn sie dort zu Fall kamen, waren sie eine sichere Zielscheibe. Etwas weniger verbreitet waren Wassergräben;`sie verhinderten, dass Eindringlinge unter den Burgmauern Stollen anlegten. Aus den Außenmauern ragten Wachttürme, auf denen sich die Bogenschützen postierten. Durch kleine Türen konnten die Verteidiger nach draußen gelangen und den Feind überrumpeln. Die Burg diente auch als Stützpunkt, von dem aus die Ritter in den Kampf zogen.

Eisengepanzertes hölzernes Fallgitter

Von innen verriegelte Holztüren

TORHAUS
Das Torhaus galt als Schwachpunkt und wurde besonders stark verteidigt. Meist überspannte eine Zugbrücke den Torgraben und als zusätzliche Sperre konnte ein Fallgitter heruntergelassen werden.

MORDLÖCHER
Im Tordurchgang konnte man die Angreifer durch sog. Mordlöcher in der gewölbten Decke mit Steinen oder Pfeilen bombardieren oder mit heißem Wasser übergießen. Auch Brände konnten so gelöscht werden.

Von hohen Mauertürmen konnte man Angreifer schon aus weiter Entfernung erspähen.

Durch die Schießscharten schossen die Verteidiger.

Zinne zum Schutz vor Geschossen

Pechnasen am Torturm

Der runde Flankenturm bot keine Angriffspunkte für Rammen.

Zinnen auf Teilen der Ringmauer

Wassergraben

ÜBER DIE MAUER
Diese Miniatur (14.Jh.) zeigt den Kreuzritter Gottfried von Bouillon (11.Jh.) beim Angriff auf eine Befestigungsanlage. Seine Männer benutzen Sturmleitern, die die Verteidiger umzustoßen versuchen. Bogenschützen geben Deckung.

DECKUNG
Wandnischen mit schmaler Öffnung nach außen ermöglichten es dem Verteidiger, nach draußen zu sehen und zu schießen ohne selbst gesehen zu werden. Bei der abgebildeten Schlüsselscharte lag im unteren, runden Teil das Gewehr auf, eine Waffe, die schon recht verbreitet war, als diese Burg gebaut wurde.

Der Kragstein stützt den Wehrgang.

AUSSENTÜRME
Dieses Foto zeigt die Vorderansicht der Burg. Wachttürme flankieren das Torhaus. Die vorgekragten Zinnen über dem Tor bilden die Maschikulis, eine Gusslochreihe, durch die kochendes Wasser, heißer Sand oder Pech auf die Angreifer geschüttet wurde. Zum Feuerlöschen waren sie ebenfalls nützlich.

BELAGERT
Angreifer und Verteidiger beschießen sich mit verschiedenen Waffen wie Armbrust, Bogen und Schleuder (S.26–27).

BOLLWERK
Bodiam Castle in Sussex/England wurde 1385 von Sir Edward Dalyngrigge zur Abwehr gegen die Franzosen erbaut. Zum Schutz der Burgbewohner errichtete man eine steinerne Ringmauer mit runden Ecktürmen und umgab sie mit einem Wassergraben. Für den Fall einer Verschwörung verzichtete man auf eine Verbindungstür zwischen den Soldatenquartieren und der Wohnung des Burgherrn.

Mauerturm

Kleine Spitzbogenfenster ließen Licht herein, aber keine feindlichen Geschosse.

Belagerung

Wer eine Burg einnehmen wollte, forderte die Bewohner auf sich zu ergeben. Lehnten sie ab, gab es zwei Möglichkeiten: Der Feind konnte die Burg umstellen, um die Bewohner durch Aushungern zur Übergabe zu zwingen, oder er stürmte die Burg mit Gewalt. Man konnte z.B. unter dem Burgwall Stollen anlegen, diese mit Brennmaterial füllen und die Mauer dann durch Feuer zum Einsturz bringen. Mit Sturmböcken, Wurfmaschinen oder Kanonen (ab 14.Jh.) versuchte man Breschen in die Mauern zu schlagen. Manchmal gelang es geschickten Kriegern auch, sie an unbewachter Stelle mit Hilfe von Sturmleitern oder Belagerungstürmen zu überwinden, die mit auf die Mauer absenkbaren Zugbrücken ausgestattet waren.

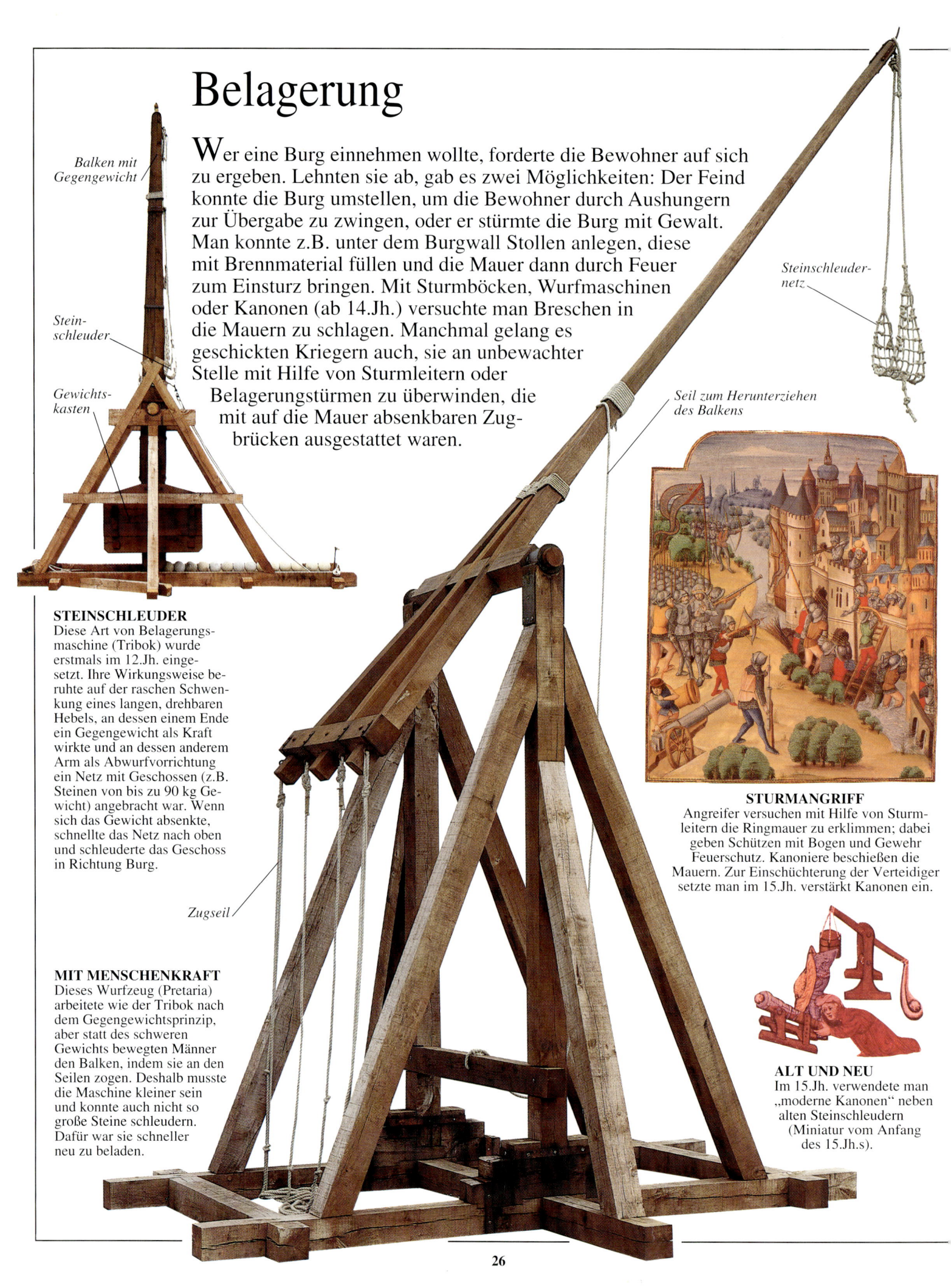

Balken mit Gegengewicht

Steinschleuder

Gewichtskasten

Steinschleudernetz

Seil zum Herunterziehen des Balkens

Zugseil

STEINSCHLEUDER
Diese Art von Belagerungsmaschine (Tribok) wurde erstmals im 12.Jh. eingesetzt. Ihre Wirkungsweise beruhte auf der raschen Schwenkung eines langen, drehbaren Hebels, an dessen einem Ende ein Gegengewicht als Kraft wirkte und an dessen anderem Arm als Abwurfvorrichtung ein Netz mit Geschossen (z.B. Steinen von bis zu 90 kg Gewicht) angebracht war. Wenn sich das Gewicht absenkte, schnellte das Netz nach oben und schleuderte das Geschoss in Richtung Burg.

MIT MENSCHENKRAFT
Dieses Wurfzeug (Pretaria) arbeitete wie der Tribok nach dem Gegengewichtsprinzip, aber statt des schweren Gewichts bewegten Männer den Balken, indem sie an den Seilen zogen. Deshalb musste die Maschine kleiner sein und konnte auch nicht so große Steine schleudern. Dafür war sie schneller neu zu beladen.

STURMANGRIFF
Angreifer versuchen mit Hilfe von Sturmleitern die Ringmauer zu erklimmen; dabei geben Schützen mit Bogen und Gewehr Feuerschutz. Kanoniere beschießen die Mauern. Zur Einschüchterung der Verteidiger setzte man im 15.Jh. verstärkt Kanonen ein.

ALT UND NEU
Im 15.Jh. verwendete man „moderne Kanonen" neben alten Steinschleudern (Miniatur vom Anfang des 15.Jh.s).

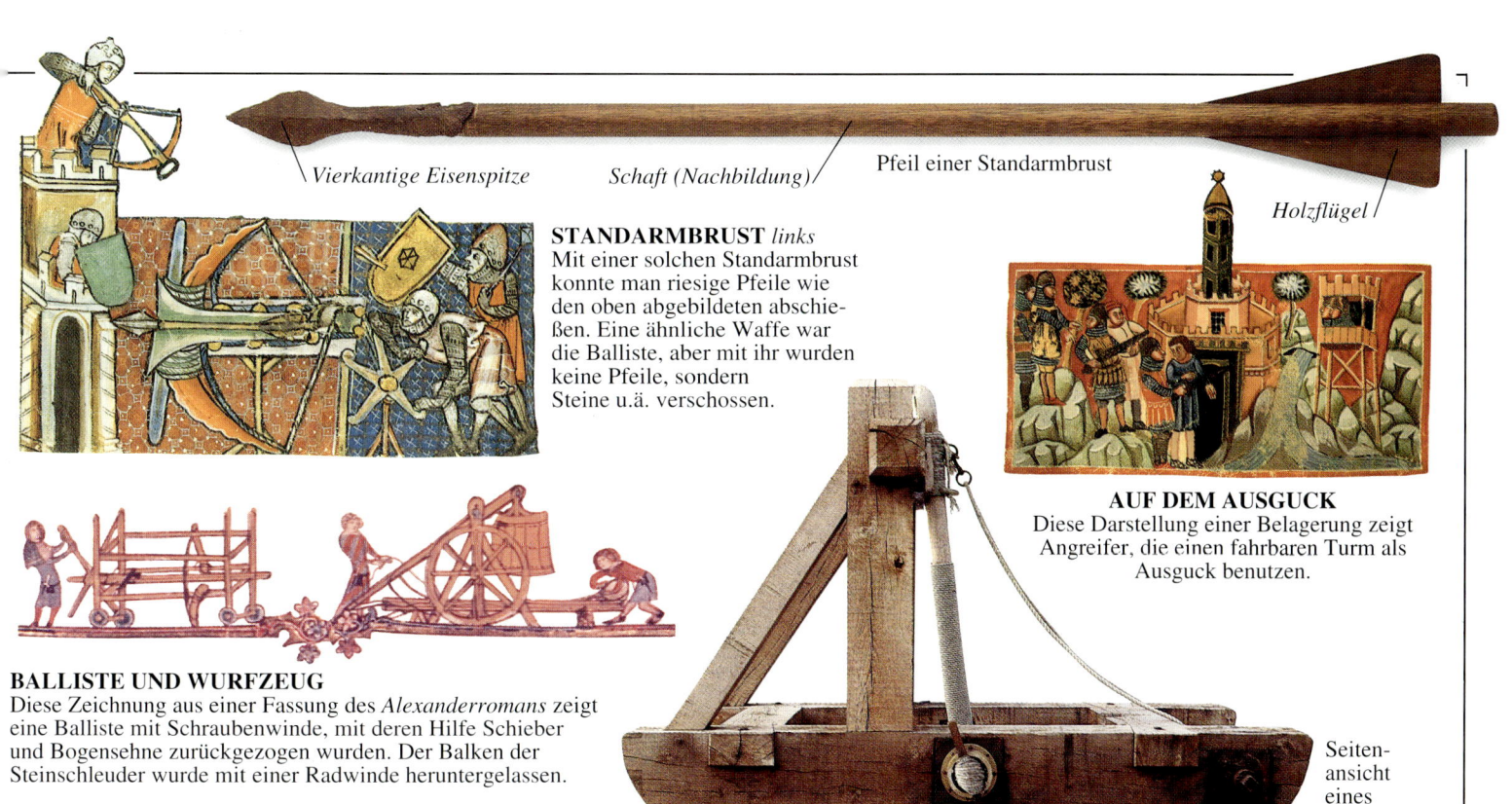

Vierkantige Eisenspitze — Schaft (Nachbildung) — Pfeil einer Standarmbrust — Holzflügel

STANDARMBRUST links
Mit einer solchen Standarmbrust konnte man riesige Pfeile wie den oben abgebildeten abschießen. Eine ähnliche Waffe war die Balliste, aber mit ihr wurden keine Pfeile, sondern Steine u.ä. verschossen.

AUF DEM AUSGUCK
Diese Darstellung einer Belagerung zeigt Angreifer, die einen fahrbaren Turm als Ausguck benutzen.

Seitenansicht eines Katapults

BALLISTE UND WURFZEUG
Diese Zeichnung aus einer Fassung des *Alexanderromans* zeigt eine Balliste mit Schraubenwinde, mit deren Hilfe Schieber und Bogensehne zurückgezogen wurden. Der Balken der Steinschleuder wurde mit einer Radwinde heruntergelassen.

NUR AUF DEM PAPIER
Entwurf einer Holzbrücke mit Schutzdach zum sicheren Überwinden von Gräben. Die Zeichnung stammt aus einem Manuskript mit vielen einfallsreichen Entwürfen, von denen die meisten aber nicht verwirklicht wurden.

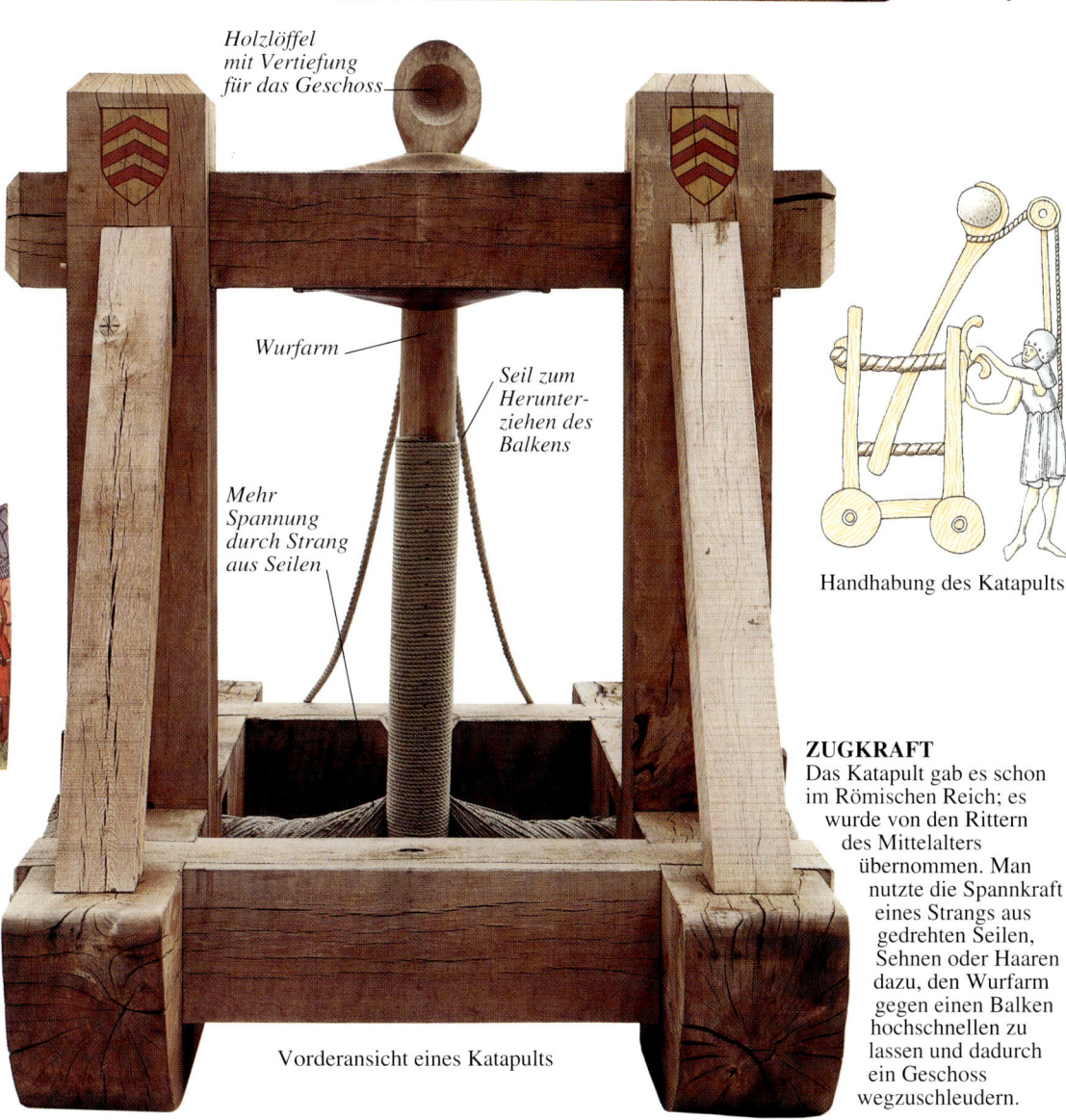

Holzlöffel mit Vertiefung für das Geschoss

Wurfarm

Seil zum Herunterziehen des Balkens

Mehr Spannung durch Strang aus Seilen

Handhabung des Katapults

Vorderansicht eines Katapults

KAPITULATION
Diese Illustration (15.Jh.) zeigt eine Kapitulation durch Übergabe der Burgschlüssel. Wenn die Bewohner eine Kapitulation verweigerten, plünderten die Belagerer die Burg oft nach der Erstürmung. Manchmal wurde ein Waffenstillstand ausgehandelt, damit der Verwalter von seinem abwesenden Herrn die Erlaubnis zur Aufgabe einholen konnte.

ZUGKRAFT
Das Katapult gab es schon im Römischen Reich; es wurde von den Rittern des Mittelalters übernommen. Man nutzte die Spannkraft eines Strangs aus gedrehten Seilen, Sehnen oder Haaren dazu, den Wurfarm gegen einen Balken hochschnellen zu lassen und dadurch ein Geschoss wegzuschleudern.

Rüsten für den Kampf

Die frühmittelalterlichen Rüstungen ließen sich leicht anlegen: Das Kettenhemd zog man über den Kopf, der Plattenrock (S.12–13) wurde am Rücken (oder seitlich) und an den Schultern festgeschnallt. Das An- und Ablegen eines kompletten Plattenharnischs war komplizierter, doch wenn ein Knappe half, brauchte man dafür nur wenige Minuten. Hatte der Ritter das Wams angezogen, wurde die Plattenrüstung von unten nach oben angelegt; zuletzt kam der Helm. Seit dem 15. Jahrhundert wurden zusätzliche Rüstungsteile am Wams festgeschnürt. Im folgenden Jahrhundert ging man dazu über, diese Teile durch Riemen oder Nieten miteinander zu verbinden. Auf den Bildern sieht man, wie ein Knappe seinem Herrn eine deutsche gotische Rüstung des späten 15. Jahrhunderts anlegt.

Panzer-besatz

Wams

Pechdraht

1 LEIBROCK
Ein solches Wams war unverzichtbar, denn an ihm wurden mit Pechdraht (mit Pech getränktes Hanfgarn) Rüstungsteile befestigt. Der Ringelbesatz der Ärmel schützte die Stellen, die der Plattenpanzer frei ließ.

Diechling

Knie-buckel

Bein-röhre

Eisen-schuh

2 DAS BEINZEUG
An den Eisenschuh und die Beinröhre schließen sich die Kniekachel und daran der Diechling an.

3 LENDENSCHURZ
Der um die Taille gelegte Kettenpanzer schützt die Leistengegend, die der Plattenharnisch ausspart.

Rückenplatte

Flansch-artiger Abschluss

4 RÜCKENPLATTE
Das untere Ende des Rückenteils hat einen gewölbten Abschluss, um Verletzungen von Gesäß und Beinen zu verhindern. Riemen und Schnalle sind mit Nieten an der vorderen Unterkante befestigt.

Brust-platte

Taillen-gurt

5 BRUST-PANZER
Brust- und Rückenplatte, verbunden durch Taillengurt und Schulterriemen, nennt man Brustpanzer oder Kürass.

Achsel

Schwebescheibe

Oberarmröhre

Unterarmröhre

*Ellbogen-
kachel*

*Lederhandschuh
im Panzer-
handschuh*

*Scheiben-
dolch*

Schwertgehenk

Schwert

7 HANDSCHUH, SCHWERT UND DOLCH

Die Hentze ist auf einem Lederhandschuh befestigt, mit dem sich die Waffen besser greifen lassen. Riemen am Schwertgehenk halten das Schwert griffbereit. Rechts hängt ein Scheibendolch.

6 DAS ARMZEUG

Oberarmröhre und Ellbogenkachel werden mit Pechdrahtbändern am Wams befestigt. Achsel und Schwebescheibe schützen Schulter und Achselhöhle.

Darstellung aus dem Jahre 1450: Ein Ritter rüstet sich für den Fußkampf. Er trägt bereits Wams und Beinzeug.

10 GUT GERÜSTET

Mit dem Streitkolben in der Hand ist der Ritter nun von Kopf bis Fuß gerüstet und bereit sein Pferd zu besteigen.

*Bart mit
Kragen*

Helm

Streitkolben

8 SCHALLERNBART

Trug der Ritter solch einen Schallern als Helm, war ein „Bart" zum Schutz der unteren Gesichtshälfte notwendig.

*Rädchen-
sporn*

9 SPOREN UND HELM

Die Sporen (S.20–21) sind umgeschnallt und der Helm aufgesetzt. Damit er nicht drückt und damit Schläge gedämpft werden, ist der Helm innen gefüttert. Ein Kinnriemen sorgt für festen Sitz des Helms im Kampf.

Der Feind

Nicht nur Waffen und Rüstung der Ritter wurden verbessert, auch die Infanterie wurde immer schlagkräftiger. In der Schlacht bei Hastings (1066) fielen viele normannische Ritter durch die Äxte englischer Fußsoldaten. Flämische Infanterie besiegte mit ihren Keulen 1302 in Courtrai die französische Reiterei. Im schottischen Unabhängigkeitskrieg stoppte ein großes Aufgebot schottischer Speerkämpfer 1314 bei Bannockburn den Sturmangriff der englischen Reiterei. Der Bogen erwies sich im Kampf gegen die Reiterei als sehr wirksame Waffe. In der Schlacht von Crécy (1346) schlugen englische Langbogenschützen die französischen Ritter vernichtend, ebenso 1415 in Agincourt. Auch die Armbrüste wurden immer gefährlicher. In Böhmen schlugen die Hussiten Anfang des 15. Jahrhunderts deutsche Ritter mit dem ersten größeren Schusswaffeneinsatz in der Geschichte.

LANGBOGEN
Der Langbogen wurde meist aus Eibenholz gefertigt, die Sehne war fast mannslang. Damit die Sehne festen Halt hatte, war der Bogen an den Spitzen mit Hornkerben versehen. Zum Spannen eines Langbogens musste man die gleiche Kraft aufwenden wie zum Heben eines 36-kg-Gewichts.

Mit Widerhaken versehene Pfeilspitze

Lederner Armschutz

Bogen aus Eibenholz

Hornkerbe zur Aufnahme der Sehne

Pfeile zum schnellen Nachladen

SCHLEUDERER
Da die Stein- oder Bleikugeln tödlich waren, wenn sie das Gesicht trafen, waren auch die Fußkämpfer mit Schleudern gefürchtet. Eine Rüstung konnte man mit einer Schleuder allerdings nicht durchschlagen. Manchmal war die Lederschlinge zur Erhöhung der Reichweite an einem Stab befestigt (Stabschleuder).

SPEERFORMATION
Reiter ließen ihre Pferde äußerst ungern gegen Lanzen angaloppieren und eine dichte Formation von Fußkämpfern mit erhobenen Lanzen konnte die Kavallerie zum Stehen bringen. Dann versuchten Bogenschützen die Reihen auseinanderzubrechen. Piken waren dabei noch wirksamer.

BOGENSCHÜTZE
Langbögen waren in vielen europäischen Ländern, besonders aber in England, beliebt. Auf dem Festland bevorzugte man die Armbrust. Vor allem im Hundertjährigen Krieg (1337–1453) setzten die Engländer viele Bogenschützen gegen die Franzosen ein. Zum Spannen des Bogens zog man die Sehne zurück bis etwa in den Bereich zwischen Wange und Ohr. Arme und Finger waren mit Leder geschützt. Bogenschützen trugen unterschiedliche Panzer oder, wie abgebildet, einfach ein wattiertes Wams.

SCHEIBENSCHIESSEN
Langbogenschützen mussten ständig trainieren, um genügend Kraft zum Spannen des Bogens zu haben. Auf diesem Bild aus dem 14.Jh. erkennt man Bogenschützen, die auf Scheiben an Tonwänden zielen.

Kerbe im Schaft — *Gänsefeder* — *Umwicklung*

GÄNSEFEDERN
Die Befiederung eines Pfeils (meist aus Gänsefedern) verbesserte die Flugeigenschaften: Sie stabilisierte die Flugbahn. Der Schaft war meist aus Eschenholz. Eine Kerbe hielt den Pfeil auf der Sehne.

Schaftfragment

Mehrzweck-Pfeilspitze

Nadelförmige Pfeilspitzen

Mehrzweck-Pfeilspitze — Breitköpfige Pfeilspitze

FERNWAFFE
Mit einem Langbogen abgeschossene Pfeile flogen bis zu 300 m weit. Angreifer konnten einen wahren Pfeilhagel auf den Feind niederprasseln lassen, indem sie die Pfeile hoch in die Luft schossen. Streitrosse waren besonders leicht verwundbar, da bestimmte Körperteile immer ungeschützt blieben. Pfeile mit nadelförmiger Spitze konnten noch auf große Entfernung Kettenglieder von Rüstungen durchbohren.

Nadelförmige Pfeilspitze

PFEILSPITZEN
Breitköpfige Pfeilspitzen hatten Widerhaken und wurden vorwiegend gegen Streitrosse eingesetzt. Eine nadelförmige Spitze konnte, wenn sie genau traf, selbst eine Plattenrüstung durchbohren. Außerdem gab es Mehrzweck-Pfeilspitzen.

WALISISCHER BOGEN-SCHÜTZE
Die Engländer hatten im 12.Jh. Zusammenstöße mit walisischen Langbogenschützen, die später häufig in der englischen Armee eingesetzt wurden. Die Bögen waren nicht so klein wie auf dieser etwas grob geratenen Zeichnung dargestellt. Der Schütze trägt, wahrscheinlich wegen des besseren Halts, keine Schuhe.

Stählerner Faustschild

Pfeil am Gürtel

Beinschiene und Kniekachel zum Schutz von Oberschenkel und Bein

ADLERAUGE
Jeder Bogenschütze hatte 24 Pfeile bei sich. Auf Nachschubwagen wurden neue gebracht. Viele Bogenschützen trugen ihre Pfeile lieber im Gürtel als in einem Köcher. Um schnell nachladen zu können, steckten sie die Pfeile auch oft vor sich in den Boden.

LANGBOGEN GEGEN ARMBRUST
Ein guter Bogenschütze konnte etwa 12 Pfeile pro Minute abschießen, ein Armbrustschütze mit einer mechanischen Winde nur etwa zwei Bolzen pro Minute. Doch Treffgenauigkeit und Durchschlagskraft waren bei der Armbrust höher. Auf dieser Illustration aus dem 15.Jh. sieht man einen Schützen seine Armbrust mit einer Winde spannen.

Auf in den Kampf!

Zum ritterlichen Ehrenkodex gehörte es, gegenüber dem unterlegenen Feind Gnade walten zu lassen. Das war kein reiner Akt der Menschlichkeit: Für hochrangige Gefangene konnte man Lösegeld fordern. Doch nicht immer schonte man das Leben des Gegners. Manche Schlachten waren regelrechte Blutbäder, so die von Crécy (1346), Poitiers (1356) und Agincourt (1415), in denen englische Langbogenschützen und Ritter französische Ritter niedermetzelten. Ritter hatten oft wenig Mitleid mit Fußsoldaten. Sie verfolgten sie schonungslos und machten sie nieder. In einer Schlacht stand viel auf dem Spiel – manchmal bedeutete eine Niederlage sogar den Verlust des Throns. Manche Truppenführer zogen es vor, Feindesland zu verwüsten und zu plündern. Das brachte Beute ein und zeigte, dass der Herrscher des Landes nicht in der Lage war das Volk zu schützen.

KRIEGERISCHE KÖNIGE
Viele Könige des Mittelalters wurden auf ihrem Großsiegel in voller Rüstung an der Spitze ihrer Armee dargestellt. Hier sieht man Heinrich I. (1100–1135), König von England und Herzog der Normandie, im Kettenhemd und mit kegelförmigem Helm.

FUSSKAMPF
Nicht immer kämpften Ritter zu Pferde. Manchmal bildeten große Teile der Armee zu Fuß eine dichte Formation, oft verstärkt durch Bogenschützen und Kavallerieeinheiten. Auf diesem Bild aus dem späten 14.Jh. stoßen englische und französische Ritter zu Fuß auf einer Brücke aufeinander. Die meisten tragen eine Hundsgugel (S.12–13) mit Visier.

FUSSANGELN
Solche nur ein paar Zentimeter langen „Krähenfüße" verteilte man vor Beginn des Kampfes auf dem Schlachtfeld oder auch vor Burgen, damit gegnerische Pferde oder Soldaten sich an ihnen verletzten. Ganz gleich, wie die vierstacheligen Fußeisen fielen, ein Stachel zeigte immer nach oben.

VERFOLGUNG *oben*
Diese Schlachtszene (Mitte 13.Jh.) zeigt, wie eine Partei die Flucht ergreift und die andere sie verfolgt. Oft zögerten die Verfolger nicht, einen Gegner zu erschlagen, der ihnen den Rücken zudrehte. Wenn einige Reiter aus der Formation ausbrachen, um einem Feind nachzusetzen, konnte das für den Rest des Heeres Gefahr bedeuten.

„PFERDEMAUER" *oben*
Während sich die Rüstungen im 12.Jh. in vielen Gebieten Europas ähnelten, waren die Kampfmethoden zum Teil recht unterschiedlich. Statt ihre Lanzen zu werfen oder über die Schulter zuzustechen (wie es im 11.Jh. manchmal der Fall war) klemmen sich die italienischen Ritter auf diesem Steinrelief die Lanze unter den Arm. Beide Seiten kämpfen in enger Formation.

SCHRECKEN DES KRIEGES
Diese farbenprächtige Darstellung (Ende 15.Jh.) zeigt den Zusammenstoß zweier gegnerischer Reitereien in voller Plattenrüstung und die tödlichen Folgen gut platzierter Lanzenstöße. Wer zu Fall kam, lief Gefahr, vom Feind oder von den eigenen nach-rückenden Pferden zu Tode getrampelt zu werden.

KRIEGSBEUTE
War eine Armee geschlagen, erbeuteten die Sieger oft die mitgeführte Habe. Tote Ritter und Gefangene wurden ihrer Rüstung beraubt. Eingenommene Städte brachten häufig große Kriegsbeute ein. Diese Illustration aus einer italienischen Handschrift (14. Jh.) zeigt Sieger beim Begutachten der Beute.

REIHE FÜR REIHE
Dieser Holzschnitt (16.Jh.) zeigt den disziplinierten Angriff von Rittern zu Pferde. Beim Herannahen des Feindes werden die Pferde zum Galopp angetrieben. Während die Ritter der ersten Reihe schon mit gesenkten Lanzen den Kampf aufgenommen haben, reiten die in den folgenden Reihen noch mit erhobenen Lanzen.

Ein Stachel zeigt immer nach oben.

Drei Stacheln liegen auf dem Boden auf.

Friedenszeiten

Die Burg war nicht nur Garnison, sondern auch die Wohnung des Ritters nebst Familie und Gefolge. Das wichtigste Gebäude war der Pallas, wo die Mahlzeiten eingenommen wurden und sich das tägliche Leben abspielte. Im Pallas befanden sich oft auch private Räume des Burgherrn. Außerdem gab es eine Küche (wegen der Feuergefahr oft draußen), eine Kapelle, eine Plattnerei, eine Schmiede, Stallungen, Hundezwinger und große Lagerräume. Ein Brunnen stand meist im inneren Burghof oder im Burggebäude selbst; er sicherte im Belagerungsfall die Wasserversorgung. Die Außenmauern waren zum Schutz gegen Verwitterung getüncht, die Innenwände verputzt oder in schönen Farben gestrichen. Die Burgen dienten Adligen auf der Durchreise als Quartier. Wurde ihre Ankunft erwartet, richtete man die herrschaftlichen Gemächer her und bestreute den Boden mit Binsen, frischem Stroh oder wohlriechenden Gräsern.

MUSIK UND TANZ
Musik war eine willkommene Abwechslung und auch als Unterhaltung bei den Mahlzeiten beliebt. Beim Tanzen bevorzugte man Reigentänze.

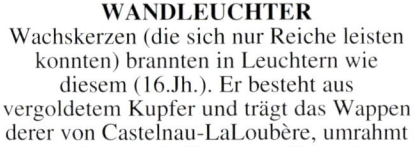

Wappen

WANDLEUCHTER
Wachskerzen (die sich nur Reiche leisten konnten) brannten in Leuchtern wie diesem (16.Jh.). Er besteht aus vergoldetem Kupfer und trägt das Wappen derer von Castelnau-LaLoubère, umrahmt von der muschelbesetzten Kette des Michaelsordens.

SILBERKANNE
Dieses silberne Gefäß diente in einer Burgkapelle als Weihwasserkanne oder Messweinbehälter. Hergestellt wurde es im 14.Jh. in Burgund.

TAFELRUNDE
Zu den Mahlzeiten versammelten sich alle im großen Saal. Auf dieser Darstellung (1316) berichtet Lancelot König Artus von seinen Abenteuern.

Im Limoges-Stil emaillierter Kerzenständer

STABIL
Auf den spitzen Dorn dieses Kerzenständers (um 1230) wurde eine dicke Kerze gesteckt. Der Ständer stammt vielleicht aus einer Burgkapelle.

SCHACHPARTIE
Auf diesem Bild (um 1504) sieht man den späteren französischen König Franz I. beim Schachspiel mit seiner Schwester Margarete. Das „Königsspiel" mit oft sehr kunstvollen Spielfiguren war bei den Rittern sehr beliebt.

KAMINFEUER
In die dicken Steinwände waren Kamine eingebaut. Hier sitzt eine Frau davor und spinnt Wolle (S.38–39).

Bemalte und geprägte Lederscheide

TISCHSITTEN

In solchen Schüsseln wusch man sich bei Tisch die Hände. Man hielt die Hände über die Schüssel, ein Diener goss aus einer zweiten Schüssel oder einem Krug Wasser über sie und trocknete sie dann mit einem Tuch.

Ein Ritter kniet vor seiner Dame.

Hofmusikant

KREDENZMESSER

Messer mit breiter Klinge wie diese aus Deutschland (15.Jh.) benutzte man zum Servieren des Essens. Einlegearbeiten aus Mahagoni und Schmuckplatten aus Hirschhorn zieren die mit Messing eingefassten Griffe. Jede Klinge trägt ein altes Runenzeichen.

ZEITVERTREIB

Auf dieser Miniatur vom Anfang des 14. Jh.s spielen ein junger Mann und eine junge Frau Dame. Back-gammon war eben-falls ein beliebter Zeitvertreib.

NACHTTOPF

Aus Bequemlich-keit mögen Reiche Nachttöpfe wie diesen benutzt haben, obwohl es in Burgen meist auch Toiletten gab. Das *heymlich Gemach* (stille Örtchen) bestand aus einer einfachen Steinplatte mit rundem Loch an der Außenmauer oder über einem Schacht.

Gewicht einer Lauf-gewichts-waage

BRONZEGEWICHTE

Das Gewicht links (Ende 13.Jh.) wurde verschiebbar an einem Waagebalken aufgehängt. Das Gewicht rechts trägt das Wappen des englischen Königshauses in der Version nach 1405.

Königliches Wappen

Der Gutsherr

Ritter lebten ganz unterschiedlich: Manche waren Söldner, d.h. sie kämpften gegen Geld. Andere lebten als Hausgarnison auf Kosten des Burgherrn ständig in einer Burg (bis zum 13. Jahrhundert). Wieder andere, die Vasallen, bekamen von ihrem Herrn Land als Lehen übereignet, lebten als Gutsherren vom Ertrag ihrer Ländereien und waren als Gegenleistung zu Loyalität und Kriegsdiensten verpflichtet. Einen Teil ihrer Ländereien vergaben sie wiederum an Bauern und andere Abhängige von unterschiedlichem Status. Diese mussten ihnen dafür Dienste leisten und an sie wie auch an die Kirche Abgaben entrichten (z.B. einen Teil der Ernte). Außerdem mussten sie ihr Brot im Ofen des Herrn backen und dafür bezahlen. Das Gut war auch Gerichtssitz. Manchmal unterhielt der Gutsherr zusätzlich ein Stadthaus, in dem er wohnte, wenn er in der Stadt zu tun hatte.

SICHERES HEIM
Stokesay, ein befestigtes Gutshaus in Shropshire/England (Ende 13.Jh.), besteht aus einer großen Halle, mehreren Zimmern und einem Turm an beiden Seiten. Die Fachwerkgalerie wurde im 17.Jh. angebaut.

Abdruck des Siegels

Siegel

MIT SIEGEL
Viele Adlige konnten weder lesen noch schreiben. Wichtige Dokumente „unterzeichneten" sie mit einem Wachssiegel. Hier ist das Siegel von Robert FitzWalter abgebildet, einem der Barone, die König Johann I. „ohne Land" 1215 zum Unterzeichnen der Magna Carta zwangen.

VERTIEFT
Dieses wohlhabende Paar des 14.Jh.s vertreibt sich die Zeit mit einem Brettspiel. Ansonsten ließ man sich von Schauspielern, Gauklern, Troubadouren oder Dichtern unterhalten.

Robert FitzWalter, der Name des Siegelinhabers

ELFENBEINFIGUREN
Diese skandinavischen Schachfiguren von der Insel Lewis in Schottland wurden Mitte des 12.Jh.s aus Walrosshauern geschnitzt.

Dame

König

Läufer

Springer

Turm

STEIL BERGAN

Das Leben der mittelalterlichen Bauern bestand aus harter Arbeit. Auf dieser Illustration aus dem *Luttrell-Psalter* (14.Jh.) schieben Bauern einen Heuwagen einen steilen Hang hinauf.

IM OBSTGARTEN

Ein Haus auf diesem Gut aus dem 15.Jh. ist im Fachwerkstil gebaut. Die einzelnen Gefache bestehen aus mit Lehm oder Erde verputztem, getünchtem Rutengeflecht.

WIE DER VATER SO DER SOHN

Dieser Ausschnitt aus einer Altardecke (um 1500) zeigt einen Ritter und seine sieben Söhne im Gebet. Meist wurde der älteste Sohn wie der Vater Ritter (S.10–11), Töchter wurden mit Adligen verheiratet (S.38–39). Jüngere Söhne und Töchter traten häufig in den Dienst der Kirche.

DER GUTSHERR

Es gab Gutsherren von unterschiedlichem Rang und mit unterschiedlich großen Anwesen. Einige waren sehr mächtig und hatten viele Güter, denen sie nach Bedarf Besuche abstatteten. In ihrer Abwesenheit kümmerten sich Verwalter um die Güter. Die Lords waren oft auf Reisen, z.B. um Handelsstädte zu besuchen, in denen sie bei Verleihern Geld borgen konnten.

SCHMUCKKÄSTCHEN

Diese Schatulle gehörte einer reichen Familie des frühen 15.Jh.s. Sie besteht aus Holz mit eingelegten Knochenschnitzereien, die die biblische Geschichte von Susanna (Daniel, Kapitel 13) darstellen.

Die Gutsherrin

DAS LEBEN EINER DAME
Die Domäne der Guts- oder Burgherrin waren Küche und Wohnbereich. Für die Hausarbeit hatte sie Dienstboten, sie selbst verwaltete die Finanzen und entschied über alle Ausgaben. Außerdem war sie für Bewirtung und Unterbringung der Gäste zuständig. Sie hatte Hofdamen als Begleiterinnen, Zofen bedienten sie und Ammen betreuten den Nachwuchs. Kinder waren für das Ansehen einer Dame des Mittelalters sehr wichtig, da es als ihre Hauptaufgabe galt, Erben zu gebären.

Im Mittelalter hatten die Frauen, selbst die adligen, wesentlich weniger Rechte als heute. Mit etwa 14 Jahren wurde ein Mädchen verheiratet. Die Heirat wurde von der Familie arrangiert und das Mädchen mit einer Mitgift ausgestattet. Da bei Eheschließung die Erbansprüche der Frau auf den Gatten übergingen, hielten Ritter oft nach reichen Erbinnen Ausschau. Als Hausherrin aber hatte die Frau die gleiche Befehlsgewalt wie ihr Mann und in seiner Abwesenheit übernahm sie die Verantwortung für die Burg oder das Gut. Manchmal musste die Herrin im Belagerungsfall sogar die Verteidigung der Burg organisieren.

LIEBESIDEAL
Das Ideal höfischer Liebe ist hier auf einer Illustration aus dem *Rosenroman* dargestellt, einem 22.068 Verse umfassenden altfranzösischen Liebesgedicht. Frauen lauschen einem Sänger. Im wirklichen Leben hatten die wenigsten Frauen Zeit für solche Kurzweil.

GOLDSCHWAN
Diese emaillierte Schwanenbrosche (15.Jh.) war ein Abzeichen des Hauses Lancaster (ein englisches Herrschergeschlecht, das 1471 erlosch). Solche Figuren leiteten sich aus dem Wappen oder vom Familiennamen ab oder spielten auf eine historische Begebenheit oder Familienallianz an.

GEBILDETE FRAUEN
Einige adlige Damen konnten lesen und schreiben oder beherrschten sogar Latein und andere Fremdsprachen. Die gelehrten Frauen auf diesem Bild (um 1460) symbolisieren die Geisteswissenschaften.

AUF KNIEN
Ein Ritter (um 1200) kniet mit gebührendem Abstand vor seiner „hohen Frau". Für sie vollbrachte er seine ritterlichen Taten.

SCHLECHTE NACHRICHT
Eine Dame wird ohnmächtig, als man ihr die Nachricht vom Tod ihres Gatten überbringt. Obwohl die meisten Ehen von den Eltern gestiftet wurden, entwickelte sich häufig Zuneigung unter den Eheleuten.

FRAUENROLLE
Von Frauen erwartete man, dass sie Wolle verspinnen konnten. Ihnen das Lesen beizubringen hielt mancher Mann für gefährlich. Diese Miniatur aus dem frühen 15.Jh. zeigt Frauen bei den typischen Frauenarbeiten Spinnen und Weben.

Flämische Goldbrosche

JUWELEN
Frauen betonten ihre gesellschaftliche Stellung gern durch Schmuck. Die goldene Frauenfigurbrosche mit Edelsteinen (oben, 15.Jh.) ist wahrscheinlich flämischen Ursprungs. Die englische Brosche (links, 14.Jh.) zeigt Fabelwesen mit aufgerolltem Schwanz.

Englische Goldbrosche

Sattelknopf

Hinterzwiesel

SATTEL MIT GESCHICHTE
Die Hirschhorn-Einlegearbeiten dieses Holzsattels (Deutschland, 1440–1480) erzählen eine Liebesgeschichte. Auf Schriftbändern ist der Dialog zwischen Mann und Frau dargestellt, der von ihrer Liebe handelt.

IM DAMENSATTEL
Viele Edeldamen gingen gern auf die Jagd. So auch Maria von Burgund, die auf diesem Medaillon von 1477 mit ihrem Falken zu sehen ist. Sie reitet im Damensattel, der das Reiten im langen Kleid ermöglichte. Ihr Pferd trägt eine prächtige Schabracke.

Geschnitztes Spruchband

Die ritterlichen Tugenden

Ritter waren Krieger, doch man erwartete von ihnen, dass sie unterlegenen Feinden mit Gnade begegneten. Im 12. Jahrhundert bildete sich ein Ehrenkodex ritterlichen Verhaltens heraus, der u.a. Treue gegenüber dem Lehnsherrn, Schutz für alle Schwachen und eine respektvolle Haltung gegenüber Frauen beinhaltete. Die südfranzösischen Troubadoure gaben diesen Tugenden in ihren Liedern Ausdruck und die Abenteuergeschichten des 13. Jahrhunderts haben edle Ritter als Helden. Die Kirche gab dem Ritterschlag (S.10–11) mit kirchlicher Nachtwache und Reinigungsbad einen religiösen Anstrich. Nun wurden auch Bücher über Ritterlichkeit verfasst. Ideal und Wirklichkeit stimmten jedoch nicht immer überein.

DRACHENTÖTER
Der heilige Georg starb etwa 303 n.Chr. als christlicher Märtyrer. Im Mittelalter kamen Legenden auf, in denen Georg einen Drachen tötet und eine Prinzessin befreit. Diese Elfenbeinschnitzerei zeigt St. Georg, der im 13.Jh. Englands Nationalheiliger wurde, vor den Zinnen einer Burg.

RITTER IN SCHIMMERNDER RÜSTUNG
Dieser Paradeschild (15.Jh.) zeigt einen Ritter vor seiner „hohen Dame". Auf dem Spruchband steht, dass er bereit ist für die Angebetete zu sterben. Ein Gerippe (der Tod) im Hintergrund unterstreicht den Schwur.

HOCHZEITSMEDAILLON
Medaillons wie dieses, das an die Hochzeit Margarete von Österreichs mit dem Herzog von Savoyen erinnert, wurden manchmal zu besonderen Anlässen hergestellt. Die Knoten im Hintergrund waren das Abzeichen des Hauses von Savoyen.

ALLEGORIE
Dieses Bild aus einem Werk des Franzosen René von Anjou vermittelt einen Eindruck vom mittelalterlichen Ritterroman, in dem die Helden oft bestimmte Dinge oder Gefühle verkörpern. Hier liest Ritter Cueur (Herz) eine Inschrift, sein Gefährte Desire (Sehnsucht) schläft.

LANCELOT UND GINEVRA

König Artus lebte wahrscheinlich um 500 n.Chr. Bekannt wurden er und die Ritter seiner Tafelrunde allerdings erst im Europa des 13.Jh.s. Die Heldensagen von Artus' Kampf gegen das Böse und der Liebe zwischen seiner Gemahlin Ginevra und Ritter Lancelot haben bis heute nichts an Faszination verloren. Hier benutzt Lancelot sein Schwert als Brücke, um Ginevra zu Hilfe zu eilen.

DER RITTER IM KARREN

Ein Ritter reiste zu Pferde; es war unrühmlich für ihn, in einer Kutsche zu fahren. Diese Darstellung zeigt eine Episode aus dem Leben Lancelots, der ein tapferer Kämpfer war, dessen Ruf aber durch seine Liebesaffäre mit Ginevra Schaden nahm. Hier trifft er einen Zwerg. Dieser verspricht Lancelot, ihn zur Geliebten zu fahren, wenn er den Karren besteigt, auf dem man Verbrecher zur Hinrichtung bringt.

RITTER DER KÖNIGIN

Sir Edward Dymoke war Kämpe Königin Elisabeths I. Bei ihrem Krönungsbankett in Westminster hatte er in voller Rüstung in die Halle zu reiten und seinen Handschuh auf den Boden zu werfen: eine Warnung an jeden, der der Königin die Regierungsmacht streitig machen wollte. Diese Geste war fortan Bestandteil jeder englischen Krönung bis zu der Georgs IV. (1821).

Schloss   *Eckbeschlag*

TRAGISCHE LIEBE

Die Elfenbeinschnitzereien auf dieser Truhe aus dem 12.Jh. zeigen Tristan und Isolde. Tristan gewann Isolde als Braut für seinen Onkel, König Marke. Durch einen Liebestrank verfiel er ihr jedoch selbst und beide starben den Liebestod.

Das Turnier

In Turnieren, die wahrscheinlich erstmals im 11. Jahrhundert stattfanden, übten die Ritter den Kampf zu Pferde für den Ernstfall. Bei der einen Variante, dem Turnei, lieferten sich zwei Mannschaften auf einem größeren Gelände ein Scheingefecht. Die Verlierer mussten Pferd und Rüstung dem Sieger überlassen, sodass gute Kämpfer ein Vermögen machen konnten. Im 13. Jahrhundert ersetzte man die bis dahin gebräuchlichen spitzen Lanzen durch stumpfe Stechlanzen. Andere Formen des Turniers waren die Tjost (S.44–45), der Fußkampf (S.46–47) und der Buhurt. Beim *Pas d'armes*, einem im 15. Jahrhundert beliebten Wettstreit, schickte eine Gruppe von Rittern Herausforderungen an andere Ritter und Knappen. Im 17. Jahrhundert lösten Zechgelage mit Reiterspielen die Turniere ab.

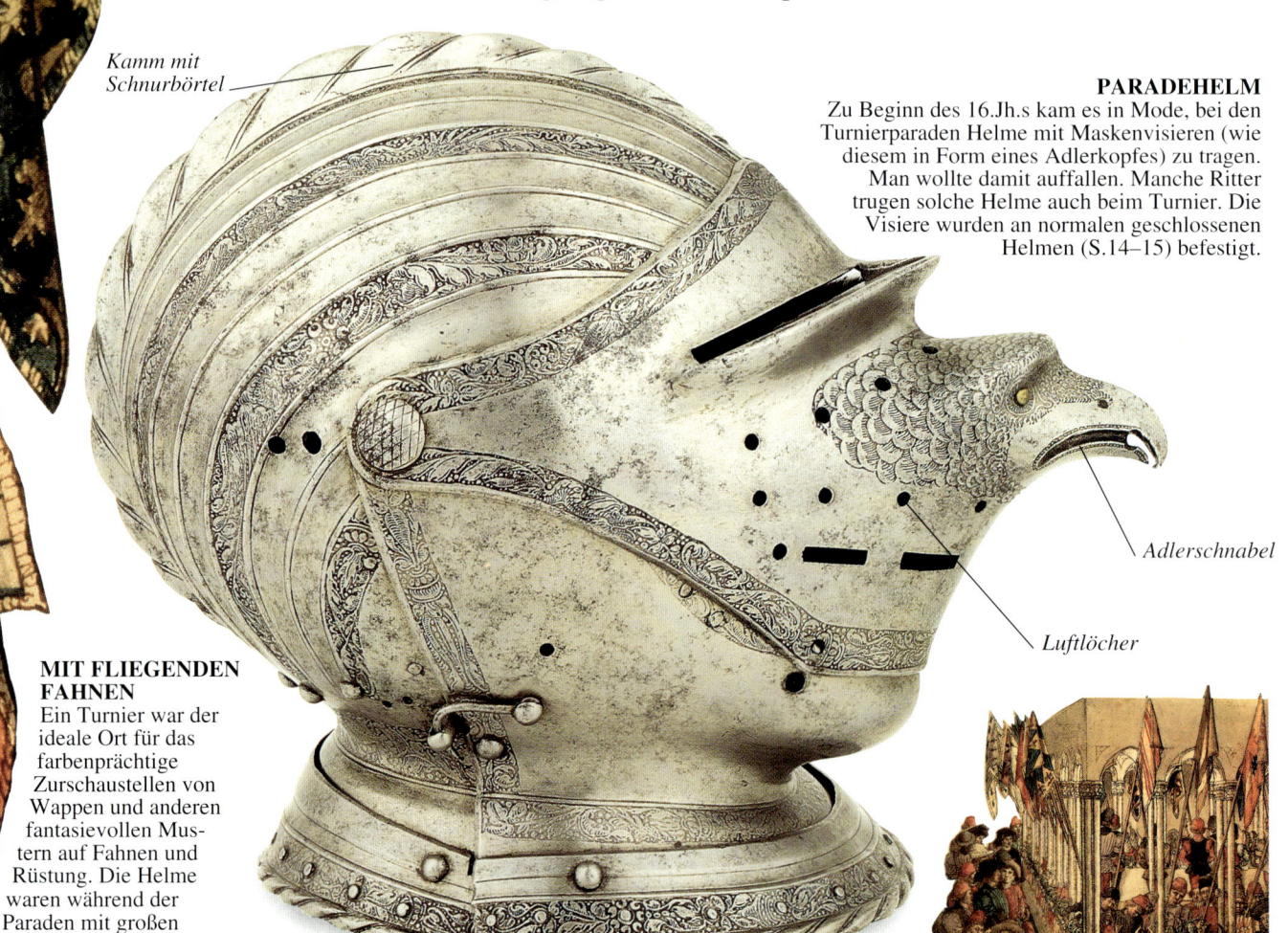

Kamm mit Schnurbörtel

PARADEHELM
Zu Beginn des 16.Jh.s kam es in Mode, bei den Turnierparaden Helme mit Maskenvisieren (wie diesem in Form eines Adlerkopfes) zu tragen. Man wollte damit auffallen. Manche Ritter trugen solche Helme auch beim Turnier. Die Visiere wurden an normalen geschlossenen Helmen (S.14–15) befestigt.

Adlerschnabel

Luftlöcher

MIT FLIEGENDEN FAHNEN
Ein Turnier war der ideale Ort für das farbenprächtige Zurschaustellen von Wappen und anderen fantasievollen Mustern auf Fahnen und Rüstung. Die Helme waren während der Paraden mit großen Zimieren geschmückt.

Teufel

HOL DICH DER TEUFEL!
Turniere waren sehr beliebt, doch die Kirche verurteilte das unnötige Blutvergießen. Wer im Turnier starb, wurde nicht in geweihter Erde begraben. Auf diesem Bild (14.Jh.) wartet schon der Teufel auf die Seelen der Ritter.

RITTER IN SCHANDE
Vor dem Turnier inspizierten die Damen die Standarten und Helme der Teilnehmer. Hatte ein Ritter ein Vergehen begangen, wurde ihm der Helm abgenommen und er wurde vom Turnier ausgeschlossen. Die Abbildung ist einem Turnierbuch von René von Anjou (15.Jh.) entnommen.

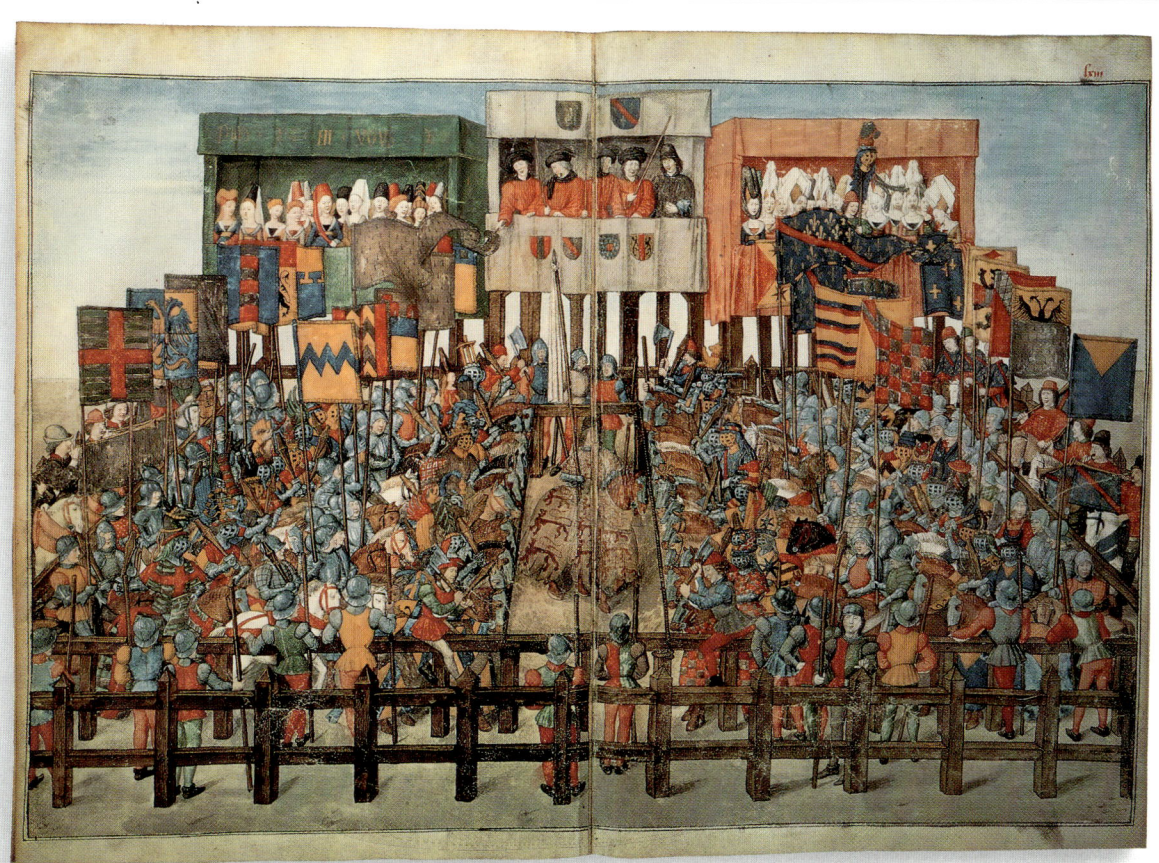

KEULENTURNIER

Bei dieser Turnierart versuchen zwei Mannschaften, sich mit stumpfen Schwertern und Keulen gegenseitig die Helmzier abzuschlagen. Die Helme sind mit Gesichtsschutzgittern ausgestattet. Jeder Ritter hatte einen Fahnenträger. Pagen stehen bereit, um den Rittern zu helfen, wenn sie zu Fall kommen. Ein Ehrenritter reitet in dem durch zwei Seile abgeteilten Bereich zwischen den beiden Ritterheeren. Auf der Tribüne stehen Damen und die Schiedsrichter.

Durch diese Öffnung wurde die Lanze geschoben.

Ätz- und Goldverzierungen

Federhülse

In Metall getriebenes Gesicht

Brechscheibe

BRECHSCHEIBE UND SPERRBARE HENTZE

Zum Schutz der Hand wurde über die Lanze eine runde Brechscheibe geschoben. Hatte der Ritter sein Schwert ergriffen, wurde der Panzerhandschuh mit einem Riegel gesichert, damit das Schwert im Kampf nicht entglitt (Teile einer italienischen Rüstung, um 1570).

PARADEHELM

Offene Helme wie diesen italienischen von etwa 1530 trug man bei Paraden. Er ist als Maske ausgebildet und weist getriebene Verzierungen auf. Die an Scharnieren befestigten Backenstücke fehlen.

Das Gesicht „zeigt Zähne".

Nackenschutz

Sperrbare Hentze

Die Tjost

Augenschlitz

Im 13. Jahrhundert wurden die Turnierkämpfe um ein spannendes neues Element erweitert – die Tjost, einen Zweikampf, in dem zwei Ritter in vollem Galopp aufeinander zu jagten und versuchten, sich gegenseitig mit ihren Lanzen vom Pferd zu stoßen. Man konnte auch Punkte sammeln, indem man seine Lanze am gegnerischen Schild zerbrach. Gewöhnlich wurden diese Kämpfe zu Pferde und mit Lanzen bestritten. Hatte man den Gegner vom Pferd gestoßen, wurde der Kampf mit dem Schwert fortgesetzt. Manchmal benutzte man „scharfe" Lanzen in den Kämpfen, die dann „Scharfe Tjost" genannt wurden. Bei der scharfen Tjost kam es zu Todesfällen, sodass viele Ritter ihre Lanze mit einer stumpfen Spitze oder einem „Turnierkrönlein" versahen. Diese Tjost nannte man dann „Leichtes Gestech". Um die Verletzungsgefahr weiter zu verringern, gab es spezielle Rüstungen. Im 15. Jahrhundert führte man Turnierschranken ein, um die Gegner zu trennen und Zusammenstöße zu verhindern.

FROSCHMAULHELM
Dieser Stechhelm aus dem 15.Jh. war vorn und hinten geschlossen. Der Träger konnte seinen Gegner nur sehen, indem er sich während des Angriffs nach vorn lehnte. Während des Aufpralls richtete er sich auf, sodass die „froschmäulige Unterlippe" seine Augen vor der Lanze schützte.

Aussparung für die Lanze

DEUTSCHES GESTECH
Deutsche Ritter veranstalteten manchmal sogenannte Scharfrennen. Da ohne Turnierschranken gekämpft wurde, waren die Beine der Ritter teilweise durch Metallschilde geschützt. Ziel des Rennens war es, den Gegner mit einer Lanze aus dem Sattel zu heben.

STECHTARTSCHE
Dieser lederbezogene Holzschild (Ende 15.Jh.) mit Aussparung für die Lanze wurde wahrscheinlich bei Turnieren verwendet. Ein Nagel verband ihn mit dem Brustpanzer.

EINE LANZE BRECHEN
Lanzen bestanden aus Holz, und seit dem 16.Jh. waren sie oft gerieft oder hohl, damit sie leichter brachen. Diese Lanze (17.Jh.) ist etwas dünner als die in der Tjost benutzten. Man benutzte sie beim Ringelstechen.

PARADE DER TURNIERKÄMPFER
Diese Illustration (Ende 15.Jh.) aus den *Chroniques* des Jean Froissart zeigt die Parade vor den Kämpfen von St. Ingilbert (1390), in denen drei französische Ritter mit 36 ausländischen Herausforderern eine Woche lang um den Sieg wetteiferten. Pagen mit Ersatzlanzen begleiten die Ritter.

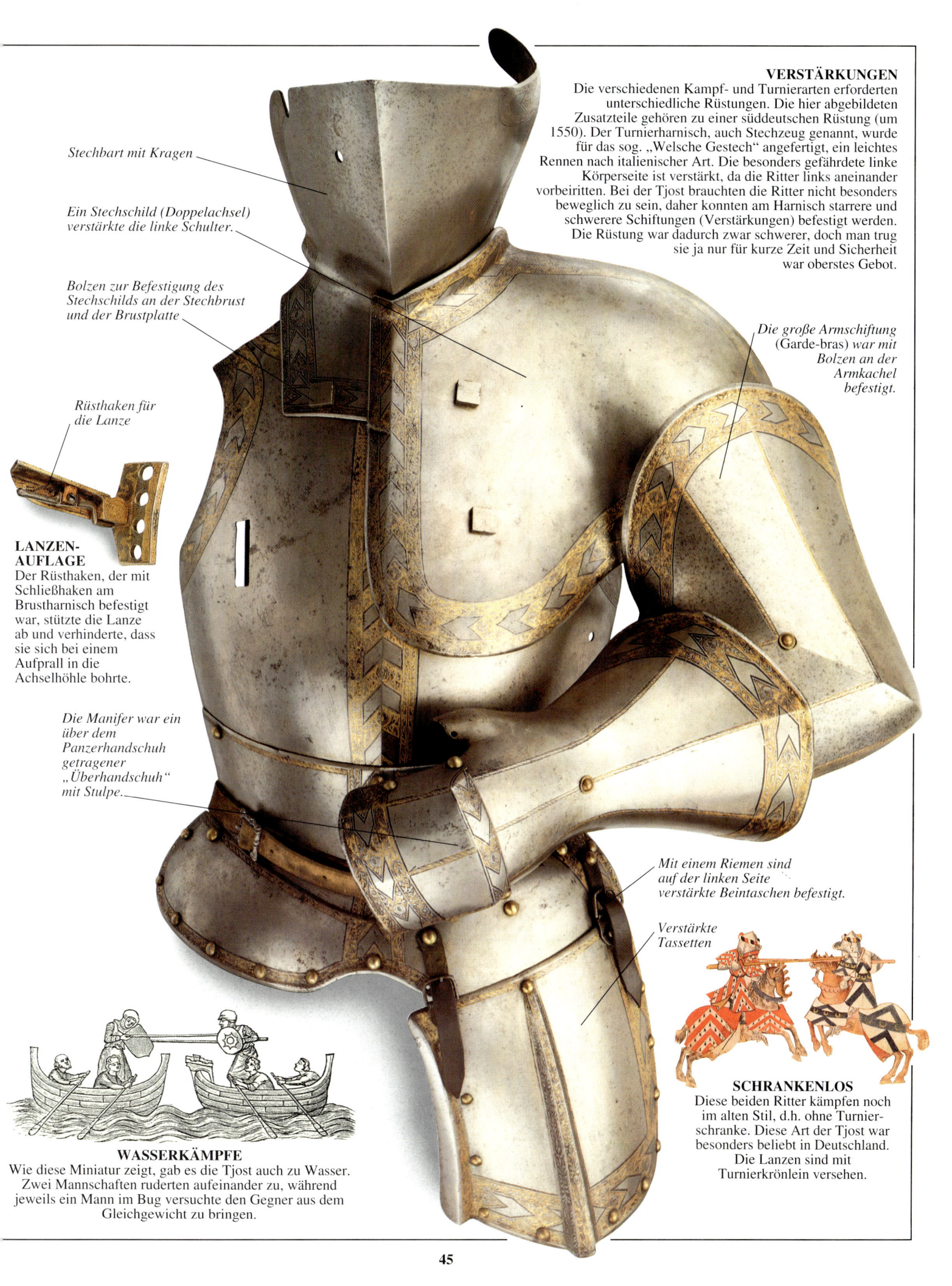

VERSTÄRKUNGEN
Die verschiedenen Kampf- und Turnierarten erforderten unterschiedliche Rüstungen. Die hier abgebildeten Zusatzteile gehören zu einer süddeutschen Rüstung (um 1550). Der Turnierharnisch, auch Stechzeug genannt, wurde für das sog. „Welsche Gestech" angefertigt, ein leichtes Rennen nach italienischer Art. Die besonders gefährdete linke Körperseite ist verstärkt, da die Ritter links aneinander vorbeiritten. Bei der Tjost brauchten die Ritter nicht besonders beweglich zu sein, daher konnten am Harnisch starrere und schwerere Schiftungen (Verstärkungen) befestigt werden. Die Rüstung war dadurch zwar schwerer, doch man trug sie ja nur für kurze Zeit und Sicherheit war oberstes Gebot.

Stechbart mit Kragen

Ein Stechschild (Doppelachsel) verstärkte die linke Schulter.

Bolzen zur Befestigung des Stechschilds an der Stechbrust und der Brustplatte

Rüsthaken für die Lanze

Die große Armschiftung (Garde-bras) war mit Bolzen an der Armkachel befestigt.

LANZEN-AUFLAGE
Der Rüsthaken, der mit Schließhaken am Brustharnisch befestigt war, stützte die Lanze ab und verhinderte, dass sie sich bei einem Aufprall in die Achselhöhle bohrte.

Die Manifer war ein über dem Panzerhandschuh getragener „Überhandschuh" mit Stulpe.

Mit einem Riemen sind auf der linken Seite verstärkte Beintaschen befestigt.

Verstärkte Tassetten

WASSERKÄMPFE
Wie diese Miniatur zeigt, gab es die Tjost auch zu Wasser. Zwei Mannschaften ruderten aufeinander zu, während jeweils ein Mann im Bug versuchte den Gegner aus dem Gleichgewicht zu bringen.

SCHRANKENLOS
Diese beiden Ritter kämpfen noch im alten Stil, d.h. ohne Turnier-schranke. Diese Art der Tjost war besonders beliebt in Deutschland. Die Lanzen sind mit Turnierkrönlein versehen.

Ritter zu Fuß

Im 13. Jahrhundert schloss sich bei vielen Tjosten an das Lanzenstechen ein Fußkampf mit Schwertern an. Im 14. Jahrhundert veranstaltete man dann reine Fußkämpfe. Jeder Kandidat durfte abwechselnd eine bestimmte Zahl von Schlägen ausführen. Bewaffnete Männer standen bereit, um die Kämpfer zu trennen, falls das Gefecht zu hitzig wurde. Nach Aufzeichnungen aus dem 15. Jahrhundert warf jeder zuerst einen Spieß; dann wurde der Kampf mit Schwert, Axt oder Stabwaffe fortgesetzt. Später wurden diese Kämpfe durch Gefechte zu Fuß ersetzt, in denen zwei Mannschaften über eine Schranke hinweg gegeneinander kämpften. Wie in den berittenen Turnieren (S.42–43) versuchte man auch bei den Fußturnieren, seine Lanze am Gegner zu brechen, und setzte danach den Kampf mit stumpfen Schwertern fort.

KAMPFBEREIT
Ausschnitt aus einem flämischen Wandteppich (16.Jh.): Die Mannschaften warten auf den Beginn des Fußturniers. Ein Page reicht einem Ritter den Helm.

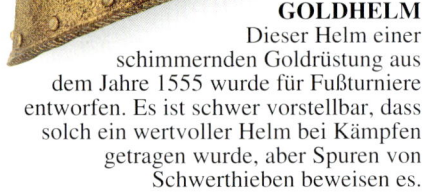

Visier

Schwertspuren

Kinnschutz

GOLDHELM
Dieser Helm einer schimmernden Goldrüstung aus dem Jahre 1555 wurde für Fußturniere entworfen. Es ist schwer vorstellbar, dass solch ein wertvoller Helm bei Kämpfen getragen wurde, aber Spuren von Schwerthieben beweisen es.

STRENG NACH REGELN
Im 15.Jh. gab es bei den Fußkämpfen keine Schranken. Die Parteien trugen daher Beinzeug. Der gebräuchlichste Helm war der *Grand Bacinet* (S.12–13), eine Beckenhaube, die seit Mitte des Jahrhunderts im Krieg nicht mehr benutzt wurde.

Handgedrehte Schraube

STIRNVERSTÄRKUNG
Diese Platte schraubte man zum zusätzlichen Schutz der linken Kopfhälfte auf das Visier des rechts abgebildeten Helms.

Hör-öffnung

Visier

Reff

Sehschlitz

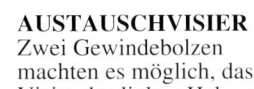

Visierstengel

AUSTAUSCHVISIER
Zwei Gewindebolzen machten es möglich, das Visier des linken Helms abzunehmen und es durch dieses Visier mit den vielen Luftlöchern zu ersetzen. Es fand im Krieg und bei Turnieren Verwendung.

Reffstütze

VISIERHELM
Während bei dem Helm oben rechts die Stirnfront nach oben geklappt wird, werden bei dem Modell oben (um 1535) die Wangenteile nach außen geklappt. Das Visier passt in den Rand des Kinnreffs, wo es durch einen Federzapfen gehalten wird. Das Reff wird am Wangenteil auf die gleiche Art befestigt.

GOTTESURTEIL
Nicht alle Fußkämpfe waren sportliche Ereignisse. Man entschied auch durch solche Kämpfe, ob ein Angeklagter z.B. des Mordes schuldig war. Dem Unschuldigen würde Gott beistehen. Wer aufgab, wurde hingerichtet.

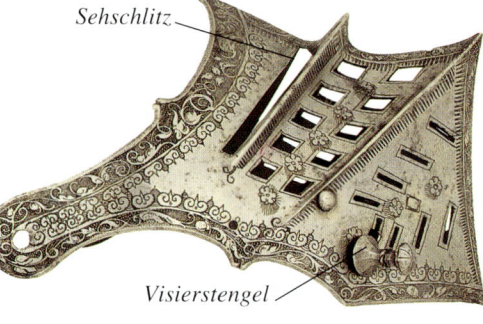

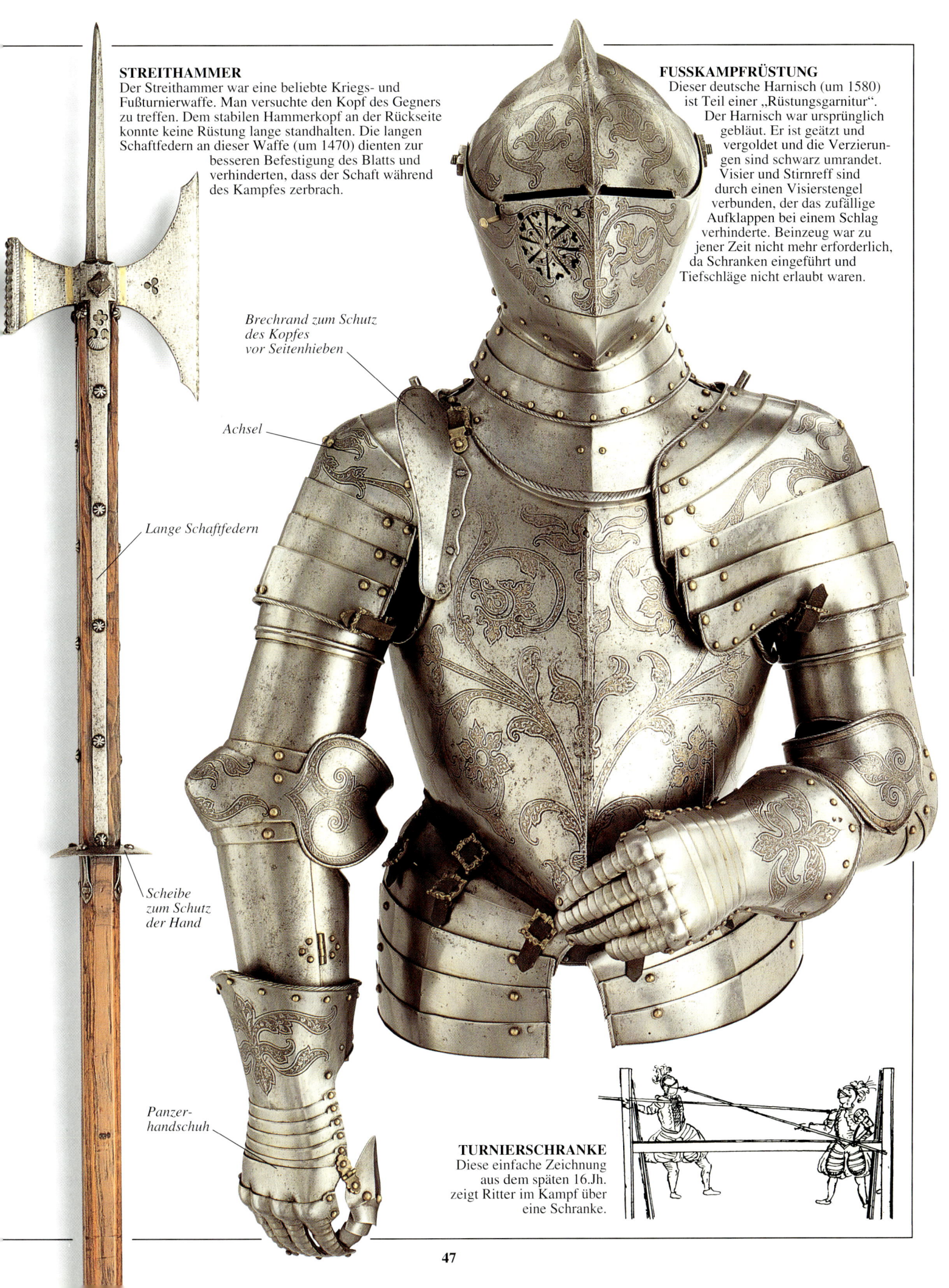

STREITHAMMER
Der Streithammer war eine beliebte Kriegs- und Fußturnierwaffe. Man versuchte den Kopf des Gegners zu treffen. Dem stabilen Hammerkopf an der Rückseite konnte keine Rüstung lange standhalten. Die langen Schaftfedern an dieser Waffe (um 1470) dienten zur besseren Befestigung des Blatts und verhinderten, dass der Schaft während des Kampfes zerbrach.

FUSSKAMPFRÜSTUNG
Dieser deutsche Harnisch (um 1580) ist Teil einer „Rüstungsgarnitur". Der Harnisch war ursprünglich gebläut. Er ist geätzt und vergoldet und die Verzierungen sind schwarz umrandet. Visier und Stirnreff sind durch einen Visierstengel verbunden, der das zufällige Aufklappen bei einem Schlag verhinderte. Beinzeug war zu jener Zeit nicht mehr erforderlich, da Schranken eingeführt und Tiefschläge nicht erlaubt waren.

Brechrand zum Schutz des Kopfes vor Seitenhieben

Achsel

Lange Schaftfedern

Scheibe zum Schutz der Hand

Panzer-handschuh

TURNIERSCHRANKE
Diese einfache Zeichnung aus dem späten 16.Jh. zeigt Ritter im Kampf über eine Schranke.

Roter Pfahl auf goldenem Grund

Goldene Zinnen auf blauem Grund

Goldenes Kreuz auf schwarzem Grund

Rote und silberne Rauten

Mondsichel auf grünem Grund

Goldene Lilie auf blauem Grund

Silberner Sporn auf rotem Grund

Heraldik

Um Ritter mit geschlossenem Visier bei Turnieren und in der Schlacht unterscheiden zu können, brauchte man eindeutige Erkennungszeichen. Die höfischen Herolde schlugen daher vor, Embleme auf die Schilde zu malen. Das Wappen war erfunden. Die Abzeichen tauchten bald auch auf Waffenröcken und Fahnen auf. Im 12. Jahrhundert entstand dann die Heraldik (Wappenkunde) als Versuch das Wappenwesen durch Regeln zu ordnen. Ein Ritter durfte nur ein Wappen tragen und das ging im Todesfall auf den ältesten Sohn über; weitere Kinder hatten abgewandelte Wappen. Auch die Farbzusammenstellungen wurden vorgeschrieben. Festgehalten wurde all das in einer Kunstsprache der Heraldik, die sich aus dem Französischen herleitet.

ABZEICHEN
Bedienstete trugen auf ihrer Kleidung oft das Abzeichen ihres Herrn. Dieses Armabzeichen trug ein Diener des François de Lorraine (1549–1563 Prior des Johanniterordens).

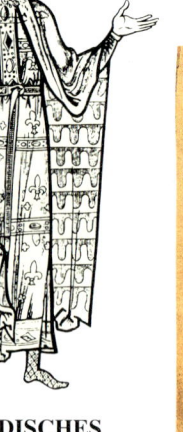

HERALDISCHES GEWAND
Dieses Gewand ist mit der Bourbonenlilie der französischen Könige geschmückt. Auch die anderen Muster auf diesem Mantel sind heraldischer Art.

WAPPENROLLE
Die *Carlisle Roll* enthält 277 Wappenschilde des Gefolges von König Eduard III. bei seinem Besuch in Carlisle im Jahre 1334.

GEFÄSS MIT WAPPEN
Man versah häufig Gegenstände mit dem Wappen des Besitzers. Dieser Steinguttopf (um 1500) trägt ein quadriertes Wappen, das die Wappen zweier durch Heirat verbundener Familien vereinigt.

RITTERSCHILD
Dieser Holzschild mit in Leder geprägtem wildem Löwen (13.Jh.) ist eine Seltenheit. Es handelt sich um das Wappen eines Landgrafen von Hessen. Das Großmeisterkreuz der Deutschritter (schwarzes Kreuz auf weißem Schild) links unten auf dem Wappen weist ihn als Mitglied des Deutschen Ordens aus.

Bewehrter Löwe

*Wappen von
Cosimo de' Medici*

FARBENFROHES SCHAUSPIEL
Bei einer Überfahrt haben die Ritter ihre Schilde über die Reling gehängt (Darstellung aus dem 15.Jh.). Farbenprächtige Banner mit den Wappen ihrer Besitzer und Standarten mit Wappenbildern oder Wahlsprüchen dienten in der Schlacht zur Orientierung der Truppe.

SCHWERT-WAPPEN
Dieses italienische Kurzschwert (Falchion) datiert von Mitte des 16.Jh.s und gehörte, wie das eingeätzte Wappen ausweist, Cosimo de' Medici, dem Stadtherrn von Florenz. Umrahmt wird es von der Ordenskette der Ritter vom Goldenen Vlies.

*Vergoldeter
Bronzeknauf
in Form eines
Löwenkopfes*

SIEGELRING
Dieser goldene Siegelring trägt das Wappen der Familie Grailly. Die Buchstaben darüber bedeuten wahrscheinlich: „Siegel des Jean de Grailly". Das Wappen ist spiegelverkehrt geprägt, sodass der Abdruck richtig erscheint.

Goldener bewehrter Löwe auf rotem Grund

Sitzender Löwe auf goldenem Grund

Silberner Schwan auf rotem Feld

Silberner Delphin auf blauem Grund

Grüner bewehrter Drache auf goldenem Grund

Fallgitter auf goldenem Grund

Flammende goldene Sonne auf blauem Feld

HEROLDSROCK
Die Grabplatte von Sir Thomas Blenerhasset (gest. 1531) zeigt einen wappenverzierten Waffenrock. Solch ein Wappenrock, genannt Tappert, war auch die Amtskleidung der Herolde.

SPANISCHER TELLER
Das Wappen des spanischen Königreichs Kastilien zierte eine Burg, das von León ein Löwe. Dies ist eines der ersten quadrierten Wappen, die es seit etwa 1272 gibt. Das Wappen auf diesem spanischen Teller (um 1425) entspricht nicht den vorgeschriebenen Farben, der Hintergrund zeigt maurische Einflüsse.

Die Jagd

Die Feudalherren des Mittelalters waren begeisterte Jäger. Die Jagd zu Pferde war ein gutes Training für den Kampf, lieferte schmackhaftes Wildbret für die Tafel und beim Jagen wilder Tiere, z.B. von Keilern, konnte man Mut beweisen. Die normannischen Könige erklärten ganze Wälder zum Bannwald, der ihnen als Jagdrevier vorbehalten war, und Wilderer wurden streng bestraft. Gejagt wurden vorwiegend Rehe, Hirsche, Wildschweine, Vögel und Kaninchen. Manchmal hetzten Treiber das Wild in Richtung der lauernden Jäger. Die Jagd mit Bogen oder Armbrust erhöhte die Geschicklichkeit im Umgang mit diesen Waffen. Sehr beliebt war die Beizjagd (mit Falken). In einer Handschrift des 15. Jahrhunderts heißt es, die edelsten und kostbarsten Falken seien den Monarchen und den Adligen vorbehalten gewesen.

LOCKVOGEL
Die Falkner benutzten zum Abrichten der Falken das Federspiel. Mit dieser Vogelattrappe lockten sie den Vogel an und brachten ihn dazu, hoch in die Luft zu steigen und dann auf seine Beute herabzustoßen.

HOCHWILD
Dieses Detail einer Schnitzerei auf einer Armbrust zeigt eine Hirschjagd. Nur Adlige durften Hirsche jagen.

Stahlbolzen zum Befestigen der Bogenspannvorrichtung

Holzsäule mit Reliefschnitzerei aus poliertem Hirschhorn

Holzflügel

HOLZFEDERN
Hier sieht man zwei deutsche Armbrustbolzen (um 1470), bei denen statt der üblichen Federn Holzflügel als Stabilisatoren dienen.

FÜR ROTWILDJÄGER
unten
Die Klinge dieses deutschen Jagdschwerts (um 1540) ist mit geätzten Hirschjagdszenen verziert. Solche Schwerter benutzte man zur Jagd und zur Verteidigung.

WOLFSJAGD
Die Jäger schleiften Fleischstücke an Wolfspfaden entlang, damit die Wölfe Witterung aufnahmen. Wachposten in den Bäumen meldeten die herannahenden Wölfe und Hunde spürten die Tiere auf. Eine solche Jagdszene zeigt dieses Bild aus dem Jagdbuch des Franzosen Gaston Fébus, Graf von Foix (14.Jh.).

FRIEDRICH II.
Kaiser Friedrich II. war von der Beizjagd so begeistert, dass er ein Buch darüber schrieb, dem diese Miniatur entnommen ist. Einige Adlige hielten Falken sogar in ihren Wohnräumen.

Rotwild wird in Fangnetze getrieben.

Eine Hundemeute jagt das Rotwild.

Jagdhorn

Der Mann schießt ein Eichhörnchen.

Falkner

JAGDSZENEN
Auf dieser silbernen Schmuckplatte (Flamen oder Deutschland, um 1600) sind Jagdszenen mit Hunden und Falken dargestellt. Drei Damen beobachten von ihrer Kutsche aus das Geschehen.

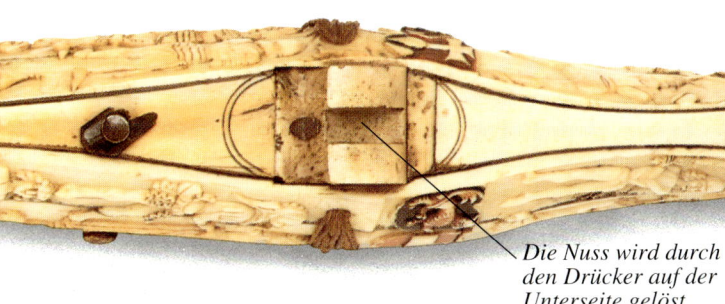

Die Nuss wird durch den Drücker auf der Unterseite gelöst.

Bolzenspitze mit Widerhaken

HUNDEPFLEGE
Gaston Fébus empfiehlt pflanzliche Medizin zur Behandlung von Räude, Augen-, Ohren- und Halskrankheiten sowie Tollwut. Häufig kamen auch durch eingetretene Dornen verursachte Pfotenschwellungen vor. Für Verrenkungen und Knochenbrüche hatte man Knocheneinrichter.

JÄGERIN
Jagd war nicht nur Männersport. Auf dieser Illustration stößt eine Dame ins Jagdhorn und setzt ihrer Hundemeute hinterher.

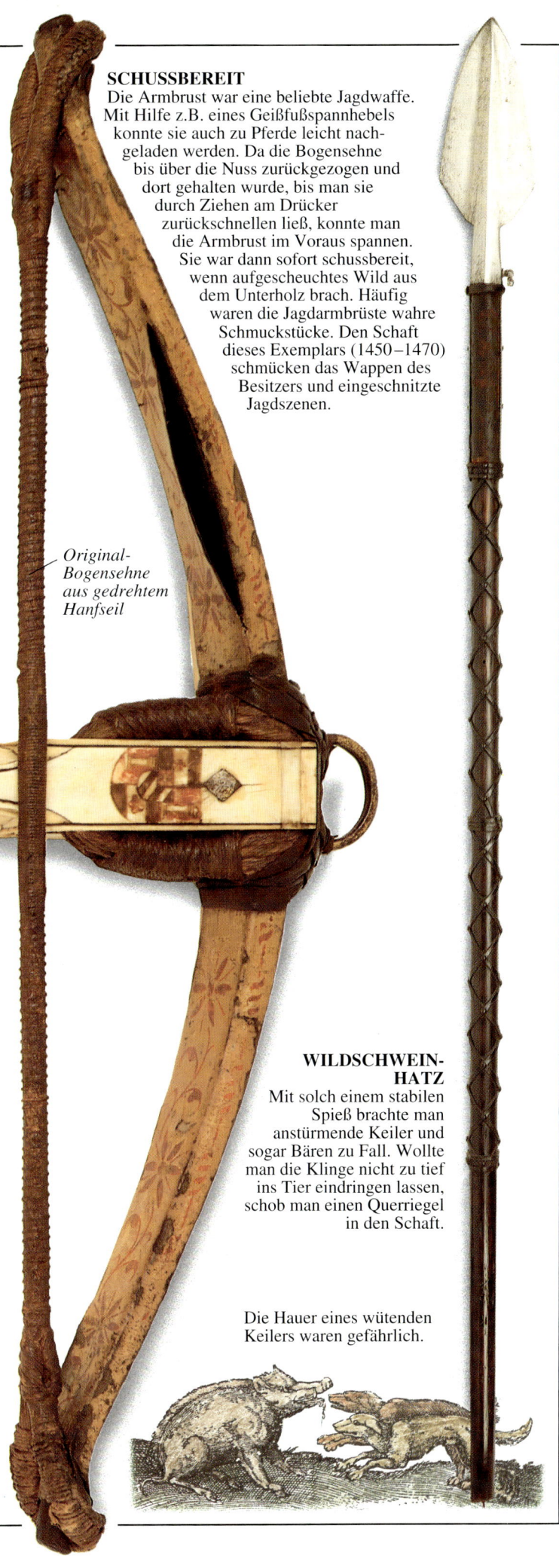

SCHUSSBEREIT
Die Armbrust war eine beliebte Jagdwaffe. Mit Hilfe z.B. eines Geißfußspannhebels konnte sie auch zu Pferde leicht nachgeladen werden. Da die Bogensehne bis über die Nuss zurückgezogen und dort gehalten wurde, bis man sie durch Ziehen am Drücker zurückschnellen ließ, konnte man die Armbrust im Voraus spannen. Sie war dann sofort schussbereit, wenn aufgescheuchtes Wild aus dem Unterholz brach. Häufig waren die Jagdarmbrüste wahre Schmuckstücke. Den Schaft dieses Exemplars (1450–1470) schmücken das Wappen des Besitzers und eingeschnitzte Jagdszenen.

Original-Bogensehne aus gedrehtem Hanfseil

WILDSCHWEIN-HATZ
Mit solch einem stabilen Spieß brachte man anstürmende Keiler und sogar Bären zu Fall. Wollte man die Klinge nicht zu tief ins Tier eindringen lassen, schob man einen Querriegel in den Schaft.

Die Hauer eines wütenden Keilers waren gefährlich.

Religion

Die Kirche spielte im mittelalterlichen Leben eine zentrale Rolle. Bis zur Reformation im 16. Jahrhundert war Westeuropa römisch-katholisch. Die Kirche stand wirtschaftlich gut da; sie bekam von den Gläubigen den „Zehnten" als eine Art Steuer. Einige Mächtige gründeten zur Buße für ihre Sünden Klöster. Andere gingen nach einem Leben voller Ausschweifungen ins Kloster in der Hoffnung, Gnade und das ewige Leben zu erlangen. Um Hilfe von Heiligen zu erbitten, machten Gläubige Wallfahrten, z.B. zum Grab des heiligen Petrus in Rom. Welchen Wallfahrtsort man aufsuchte, gab man durch das Tragen bestimmter Abzeichen zu erkennen. Reliquien, viele davon Fälschungen, sollten vor Unheil schützen.

KARL DER KÜHNE
Das Medaillon zeigt Herzog Karl von Burgund, Ende des 15.Jh.s Besitzer des Horns des heiligen Hubertus.

Weihwasser-behälter

WEIHWASSERBEHÄLTER
Viele Menschen trugen kleine Weihwasserbehälter zum Schutz vor Unheil bei sich. Auf diesem ist das Bildnis Thomas Beckets zu sehen, des 1170 ermordeten Erzbischofs von Canterbury.

Das Bleiabzeichen zeigt die heilige Katharina, die auf dem Rad zu Tode gefoltert wurde.

RITTER IM GEBET
Heilige spielten eine wichtige Rolle im Leben der Menschen. Dieses Buntglasfenster aus Holland zeigt einen Ritter, der vor der Statue der heiligen Maria Magdalena betet.

MESSKELCH
Dieser Messkelch wurde im frühen 16.Jh. in Spanien oder Italien hergestellt. Die üppigen Verzierungen zeigen, wie reich die Kirche damals war. Die Medaillons stellen Christus im Kreise einiger Heiliger dar, darunter der Apostel Jakobus. Wallfahrer, die zum Grab des Jakobus in Santiago de Compostela pilgerten, trugen als Abzeichen eine Jakobspilgermuschel.

Kopf eines Heiligen

Bleisiegel: Jungfrau Maria mit dem Jesuskind

ZEICHEN DES GLAUBENS
Ein Abzeichen diente als Beleg dafür, dass man eine Wallfahrt gemacht hatte. Doch das wichtigste Symbol des christlichen Glaubens war und ist das Kreuz. Auch Darstellungen von Maria mit dem Kind waren beliebt.

HORN DES HEILIGEN HUBERTUS

Heilige wurden oft auf Grund von Legenden zum Schutzpatron für bestimmte Gruppen von Menschen. Vom heiligen Hubertus erzählte man sich, er habe in einem Hirschgeweih ein Kreuz aufleuchten sehen. Deshalb wurde er zum Schutzpatron der Jäger.

Der Pelikan galt als Sinnbild für Opferbereitschaft.

St. Johannes

Die Jungfrau Maria

Der gekreuzigte Christus

AUF PILGERFAHRT

Pilger des 15.Jh.s auf der Reise ins Heilige Land: Jerusalem, wo Christus gekreuzigt und begraben wurde, war der wichtigste Wallfahrtsort. Die Pilgerfahrt dorthin war lang und gefährlich. Das Abzeichen der Jerusalempilger war das Palmblatt.

MISSIONARE

Die Kirche wollte alle Menschen zum christlichen Glauben bekehren – mit friedlichen Mitteln oder, wie die Ritter des Deutschen Ordens in Osteuropa, mit Gewalt. Hier empfängt Bruder Oderic vor seinem Aufbruch in den Osten den Segen. Auch Ritter erbaten manchmal den Segen der Kirche, bevor sie gefährliche Aufgaben oder Reisen unternahmen.

St. Nikolaus

DIE CANTERBURY-GESCHICHTEN

Um 1386 schrieb Geoffrey Chaucer (rechts) die *Canterbury-Geschichten*. Sie handeln von einer Gruppe Geschichten erzählender Pilger, die von London nach Canterbury zum Schrein des Thomas Becket reisen. Darunter ist auch ein Ritter (links).

Chaucers Ritter

Geoffrey Chaucer

PROZESSIONSKRUZIFIX

Dieses italienische Kreuz (15.Jh.) besteht aus Silber und ist teilweise vergoldet und mit Emaille verziert. Auf den Kreuzbalken befinden sich Abbildungen der Jungfrau Maria und der Heiligen Johannes und Nikolaus. Der Pelikan symbolisiert Christus. Man glaubte früher, der Pelikan hacke sich die Brust auf, um seine Jungen mit seinem Blut zu nähren, und wählte ihn daher als Symbol für Christus, der sein Blut für die Sünden der Menschen vergoss.

Die Kreuzzüge

Im Jahre 1095 rief Papst Urban II. zur Befreiung des Heiligen Landes aus der Hand der türkischen Seldschuken auf. Unter Führung Gottfrieds von Bouillon zog eine gewaltige Armee quer durch Europa und sammelte sich in Konstantinopel. 1099 gelang die Eroberung Jerusalems, das jedoch bald von den Muslimen zurückerobert wurde. Im zweiten Kreuzzug (1147–1149) versuchten Kaiser Konrad III. und König Ludwig VII. von Frankreich die Stadt in ihre Gewalt zu bringen. Das Unternehmen schlug ebenso fehl wie der dritte Kreuzzug unter Friedrich Barbarossa, Philipp II. von Frankreich und Richard Löwenherz von England. Kaiser Friedrich II. erlangte 1228/29 durch einen Vertrag mit dem ägyptischen Sultan noch einmal die Herrschaft über Jerusalem. Doch die Stadt war ebenso wenig zu halten wie andere Kreuzritterstützpunkte. 1303 hatten die letzten Kreuzritter das Heilige Land verlassen. Doch es wurde weiter im Namen Christi Blut vergossen. Nun wurden die Muslime im Mittelmeerraum, die Slawen in Osteuropa und schließlich alle Ketzer bekämpft.

BAUERNKREUZZUG
1096 brach der französische Prediger Peter von Amiens mit einer Horde Bauern von Köln nach Jerusalem auf. Unterwegs plünderten sie und töteten Juden aus Habgier und weil sie sie für Jesu Tod verantwortlich machten. Die Schlacht von Nizäa beendete diesen Kreuzzug; tausende starben im Kampf gegen die Türken.

SPANISCHE KREUZFAHRER
Im 11.Jh. versuchten christliche Armeen die seit dem 8.Jh. in Spanien ansässigen Mauren nach Süden zurückzudrängen. Als letzte maurische Festung fiel 1492 Granada. Ritterorden, wie der Santiagoorden auf dieser Abbildung des 13.Jh.s, trugen zur Vertreibung der Nichtchristen aus Spanien bei.

Einfassung aus Kronen

FLIESENKUNST
Mittelalterliche Kirchen sind oft mit bunten Keramikfliesen geschmückt. Die Fliesen links stammen aus dem Kloster Chertsey in England. Sie tragen ein Bildnis von Richard Löwenherz (englischer König 1189–1199), einem der Führer des dritten Kreuzzugs.

PER SCHIFF
Durch die Kreuzzüge nahm der Schiffsverkehr im Mittelmeer großen Aufschwung. Seestädte wie Venedig, Pisa und Genua, die Schiffe zur Verfügung stellten, machten glänzende Geschäfte. Venedig gelang es sogar, den vierten Kreuzzug (1202–1204) statt ins Heilige Land gegen die Handelskonkurrentin Konstantinopel zu lenken.

DIE MAMELUCKEN
Die Mamelucken waren muslimische Elitetruppen, die aus freigelassenen Sklaven bestanden. Mitte des 13.Jh.s übernahmen sie die Herrschaft über Ägypten und Syrien. Auf dieser Schüssel (um 1300) sieht man einen Mameluckenreiter in einem Lamellenkürass (Panzer aus kleinen Eisenplatten). Über dem Kopf schwingt er einen Krummsäbel.

Mameluckenreiter

Arabische Inschrift

SARAZENE

Die Sarazenen hatten schnelle Pferde und waren gute Bogenschützen. Einige trugen Plattenrüstungen, viele aber nur Kettenhemden oder wattierte Schutzkleidung. Sie benutzten Rundschilde und ab dem 12.Jh. Krummsäbel.

TÜRKISCHER KRIEGER

Dieser italienische Teller (um 1520) zeigt einen türkischen Soldaten. Zu Beginn des 14.Jh.s endeten die Kreuzzüge. Die große Festungsstadt Konstantinopel (heute Istanbul) lag zwischen der Türkei und dem europäischen Festland. Von den Zerstörungen im vierten Kreuzzug erholte sich Konstantinopel nicht mehr. 1453 wurde es als letztes Bollwerk des Byzantinischen Reichs von den Türken erobert und ist seitdem in türkischer Hand.

GLAUBENSKAMPF

Dieses Bild (Mitte 13.Jh.) stellt den Nahkampf von Christen und Muslimen in Damiette an der Nilmündung dar. Die Muslime sind darauf in ähnlicher Kleidung dargestellt wie die Christen.

BOLLWERKE IM OSTEN

Zur Verteidigung Palästinas errichteten die Kreuzritter Burgen. Diese sogenannten Kraks waren nahezu uneinnehmbar. Der berühmteste ist der hier abgebildete Krak des Chevaliers, den die Johanniter im 12.Jh. zum Schutz eines strategisch wichtigen Passes bauten.

MIT „GEKREUZTEN" BEINEN

Diese Steinplastik (13.Jh.) soll den englischen Ritter Sir John Holcombe darstellen, der im zweiten Kreuzzug starb. Die gekreuzten Beine gelten landläufig als Hinweis darauf, dass es sich um einen Kreuzfahrer handelt, sind aber nur ein damals übliches Stilelement.

Die Ritterorden

Im Jahre 1118 schlossen sich Ritter zum Schutz der Jerusalempilger zusammen und bezogen ein Ordenshaus in der Nähe des Tempels von Jerusalem. Damit war der Templerorden gegründet. In den Ritterorden verschmolzen die Regeln der geistlichen Orden mit den soldatischen Aufgaben der Kreuzritter. Zur gleichen Zeit wurde der Johanniterorden, der sich ursprünglich der Krankenpflege gewidmet hatte, zum Ritterorden. Als die Christen die Kontrolle über das Heilige Land verloren, ging auch die Bedeutung der Ritterorden zurück. Das Ende des Templerordens war gekommen, als er der Ketzerei angeklagt und aufgelöst wurde. Die Johanniter verlagerten ihren Wirkungsbereich in den Mittelmeerraum und bekämpften weiterhin die Muslime. Der wie die Johanniter ursprünglich als Hospitalbruderschaft gegründete Deutsche Orden wurde 1198 zum Ritterorden. Nach dem Verlust der orientalischen Gebiete betätigte er sich in der Slawenmission.

Der Gießer ist abgebrochen.

FAYENCEKRUG
Die Johanniter bewahrten ihre Medizin in solchen Fayence- oder Majolikakrügen auf. Der Johanniterorden hatte nicht nur Ritter für den Kampf, sondern auch Priester und dienende Brüder für die Krankenpflege.

MALTESERHOSPITAL
Von 1530 bis 1798 war die Insel Malta Hauptsitz der Johanniter. Dieser Stich zeigt Malteser, wie sie jetzt genannt wurden, bei der Arbeit in ihrem Krankenhaus in Valetta.

BRONZEMÖRSER
In diesem Mörser (12./13. Jh.) zerrieben Malteser Zutaten für Arzneien.

SCHLIMMES ENDE
Die französischen Templer wurden durch großen Grundbesitz sehr mächtig. König Philipp IV. bemächtigte sich ihres Besitzes, indem er die Templer der Ketzerei bezichtigte. Ihr Großmeister wurde 1313 verbrannt, der Orden aufgelöst.

DER KAMPF GEHT WEITER
1291 ließen sich die Johanniter auf Zypern und 1310 auf Rhodos nieder, wo sie weiter gegen die Muslime kämpften. Dadurch erhielten sie sich ihre Daseinsberechtigung und entgingen einem Schicksal, wie es die Templer erlitten.

GROSSMEISTER
Ritterorden wurden von einem Großmeister geführt (Siegel von Raymond de Berenger, 1363–1374 Oberhaupt der Johanniter).

PROZESSIONSKREUZ
Dieses Kruzifix aus Eichenholz mit Silberauflage stammt vom Anfang des 16.Jh.s. Die Christusfigur ist älter. Die Kreuzbalken zeigen die vier Evangelisten. Das Kreuz war im Besitz der Johanniter, wie das Wappen von Pierre Decluys erkennen lässt, der von 1522 bis 1535 Großmeister des Ordens war.

ORDENSBREVIER *oben*
Von den Angehörigen der Ritterorden erwartete man wie von anderen Mönchen auch Teilnahme am Gottesdienst und Bibelfestigkeit. Breviere wie das hier abgebildete enthielten die täglichen Gebete. Die Ritterorden hatten strenge Ordensregeln. Die Johanniter übernahmen die der Benediktiner, die Templer die der Zisterzienser.

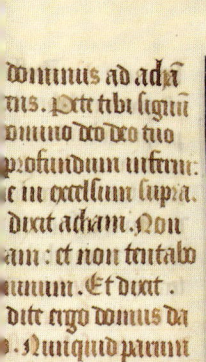

TEMPELRITTER
Die Templer trugen einen weißen Waffenrock mit rotem Kreuz. Dieses Fresko (12.Jh.) aus der Templerkirche in Cressac/Frankreich zeigt einen Templer, der in die Schlacht reitet.

MESSBUCH VON RHODOS
Wollte man sich den Johannitern anschließen, musste man ein ausgebildeter Kämpfer sein und wie ein Mönch leben, d.h. Gehorsam, Keuschheit und Armut geloben. Wahrscheinlich legten viele Mönche ihr Gelübde auf dieses Messbuch aus dem 15.Jh. ab.

WASSERFLASCHE
Wasser war für die Pilger in den Mittelmeerländern und in Palästina lebensnotwendig. Diese metallene Wasserflasche (um 1500) ist mit dem Johanniterkreuz, dem Abzeichen des Johanniterordens, verziert.

Ritter der aufgehenden Sonne

Auch in Japan entwickelte sich eine feudale Gesellschaftsstruktur. Den Rittern vergleichbar waren die *Samurai*: Sie waren adlig, kämpften oft zu Pferde, dienten einem Fürsten *(Daimyo)* und befolgten einen ungeschriebenen Ehrenkodex. Nach dem fünfjährigen Kampf zwischen den Adelsgeschlechtern der Taira und der Minamoto (1180–1185) wurde Japan von einem Kaiser *(Tenno)* regiert, die eigentliche Macht hatte aber ein militärischer Führer, der *Schogun*. Durch Bürgerkriege nahm der Einfluss der *Schogune* ab, die kleinen Reiche wurden von *Daimyos* regiert. 1543 brachten portugiesische Kaufleute die ersten Gewehre mit nach Japan und bald entstanden große, schlagkräftige Armeen. Der letzte große *Samurai*-Krieg fand 1615 statt.

HELM MIT MASKE
Helme wie diesen aus dem 17.Jh. staffierte man oft mit einem stattlichen Schnurrbart. Der Halsschutz besteht aus lackierten Halsreifen, die mit Seide verbunden waren. Der Lack schützte das Metall des Helms im feuchten Klima Japans.

SCHWERTKÄMPFER
Dieser Druck aus dem 19.Jh. zeigt einen kämpfenden *Samurai*.
Als Waffe benutzt er ein Langschwert, genannt *Katana*. Das Kurzschwert, genannt *Wakizashi*, steckt im Gürtel.

KÄMPFENDE *SAMURAI*
Zwei *Samurai* tragen einen wilden Fußkampf aus. Obwohl weiterhin auch zu Pferde gekämpft wurde, gewann ab dem 14.Jh. der Fußkampf mit Schwert und Speer mit längerer Klinge an Bedeutung. Das machte auch Veränderungen der Rüstung erforderlich.

SAMURAI-RÜSTUNG
Nachbildung einer japanischen Rüstung aus dem 12.Jh. im O-Yoroi-Stil: Oben am Brustpanzer ist ein Eisenstreifen angebracht, der Rest des Panzers besteht aus kleinen, lackierten Eisenlamellen, die mit Seide und Leder verknüpft sind. Solch eine Rüstung wurde vorwiegend von berittenen Bogenschützen getragen.

Klinge aus „weichem" Eisen mit mehreren Lagen Stahl

LANG UND KURZ
Das Hauptschwert des *Samurai* war das Langschwert *(Katana)* mit einer verzierten ovalen Metallscheibe *(Tsuba)* als Stichblatt. Damit die Hand nicht abrutschte, war der Griff mit Rochenhaut überzogen und mit Seidenband umwickelt. Als zusätzliches Kampfschwert und für den rituellen Selbstmord *(Seppuku)* benutzte man das Kurzschwert.

HERR UND DIENER
Auf diesem Lackkästchen kniet ein Diener vor seinem Herrn, einem *Samurai*. Wie die Ritter hatten auch die *Samurai* Untergebene, die sie bedienten und ihre Waffen in Ordnung hielten. Ein *Samurai* konnte über Leben und Tod seiner Diener und der Bauern, die sein Land bestellten, entscheiden.

FECHTKUNST
Auf diesem Ausschnitt eines Gemäldes von Kunisada (19.Jh.) wird ein *Samurai* von *Tengi* genannten Fabelwesen in der Kunst des Fechtens unterwiesen. Es bedeutete mehrere Jahre harter Arbeit, den korrekten Einsatz des Schwerts zu erlernen, da die Bewegungsabläufe genau vorgeschrieben waren.

Griff aus Rochenhaut

KRIEGERISCH
Dieses Foto (19.Jh.) zeigt einen *Samurai* mit Plattenrüstung und darüber einem Waffenrock (*Jinbaori*). Bewaffnet ist er nicht nur mit einem Schwert, sondern auch mit einem langen Bogen aus Bambus und anderen verleimten und mit Rattan zusammengebundenen Hölzern. Die Helmzier ist hornförmig.

MODERNERE RÜSTUNG
Ab dem 16.Jh. wurden die japanischen Rüstungen zum besseren Schutz vor Geschossen verstärkt. Hier sieht man einen Harnisch aus dem 19.Jh. Die Rüstung besteht aus Brustschild (*Do*), Panzer-ärmeln (*Kote*), Schulterschutz (*Sode*), Schößchenschutz (*Haidate*) und Beinschienen (*Suneate*). Den Gesichtsschutz des mit zwei Büffelhörnern verzierten Helms (*Kabuto*) bildet eine Halbmaske (*Mempo*).

Landsknechte

Oft gelang es selbst Scharen schwer bewaffneter Ritter in einer Schlacht nicht, die Reihen der Infanterie zu durchbrechen. So erwies sich auch im Krieg zwischen Frankreich und Burgund 1476/77 die Unterlegenheit der zu Pferde kämpfenden Ritter gegenüber einer geschlossenen Front von Pikenkämpfern und Soldaten mit Gewehren. Um 1500 wurde daher die Infanterie zum Kernstück jeder Armee. In Deutschland übernahmen die sogenannten Landsknechte von den schweizerischen Nachbarn den Kampf mit Piken und Gewehren. Überall wurden nun Vasallen, die als Gegenleistung für Land arbeiteten, verstärkt abgelöst durch gut trainierte Berufssoldaten, die bei Bedarf von angeworbenen Söldnern unterstützt wurden. Ritter gab es weiterhin, doch ihre Bedeutung auf dem Schlachtfeld ging zurück.

Mit Holz und Leder bezogener Griff

Parierstange

Ausleger

Ricasso (Fehlschärfe am Schwert) mit Lederbezug

Klinge mit Wellenschliff

KOSTÜMHARNISCH
Im frühen 16.Jh. fielen Landsknechte gern durch extravagante Kleidung auf. Die abgebildete deutsche Rüstung (um 1520) ist dem damals modernen geschlitzten und gepufften Stil nachempfunden. Die „Schlitze" sind geätzt und vergoldet, die Flächen dazwischen tragen Ätzornamente.

Blasebalgvisier

HANDSCHÜTZEN
Auf dieser Miniatur feuern schweizerische Kanoniere und Schützen mit Luntenschlossmusketen auf den Feind. In der Schweiz bildeten bereits Ende des 15.Jh.s Fußtruppen mit Piken, unterstützt von Handschützen und Kanonieren, das Kernstück der Armee.

BIDENHANDER
Die Ausläufer am Griff dieses mit beiden Händen geführten Schwerts schützten die Hände vor feindlichen Waffen. Der Lederbezug am stumpfen Klingenende (Fehlschärfe) ermöglichte es, das Schwert auch weiter vorn anzufassen. Dieser Bidenhander stammt wahrscheinlich aus der Zeit um 1600.

Stahlstreifen zum Schutz der Ellbogeninnenseite

Verzierungen täuschen Schlitze und Bausche vor.

Kettenrüstung (Nachbildung)

KATZBALGER
Dieser Landsknecht trägt eine Teilrüstung über gepuffter und geschlitzter Kniehose sowie einen Kettenpanzerkragen, den „Bischofsmantel". Er ist mit dem großen Bidenhander und einem Kurzschwert ausgerüstet, dem „Katzbalger".

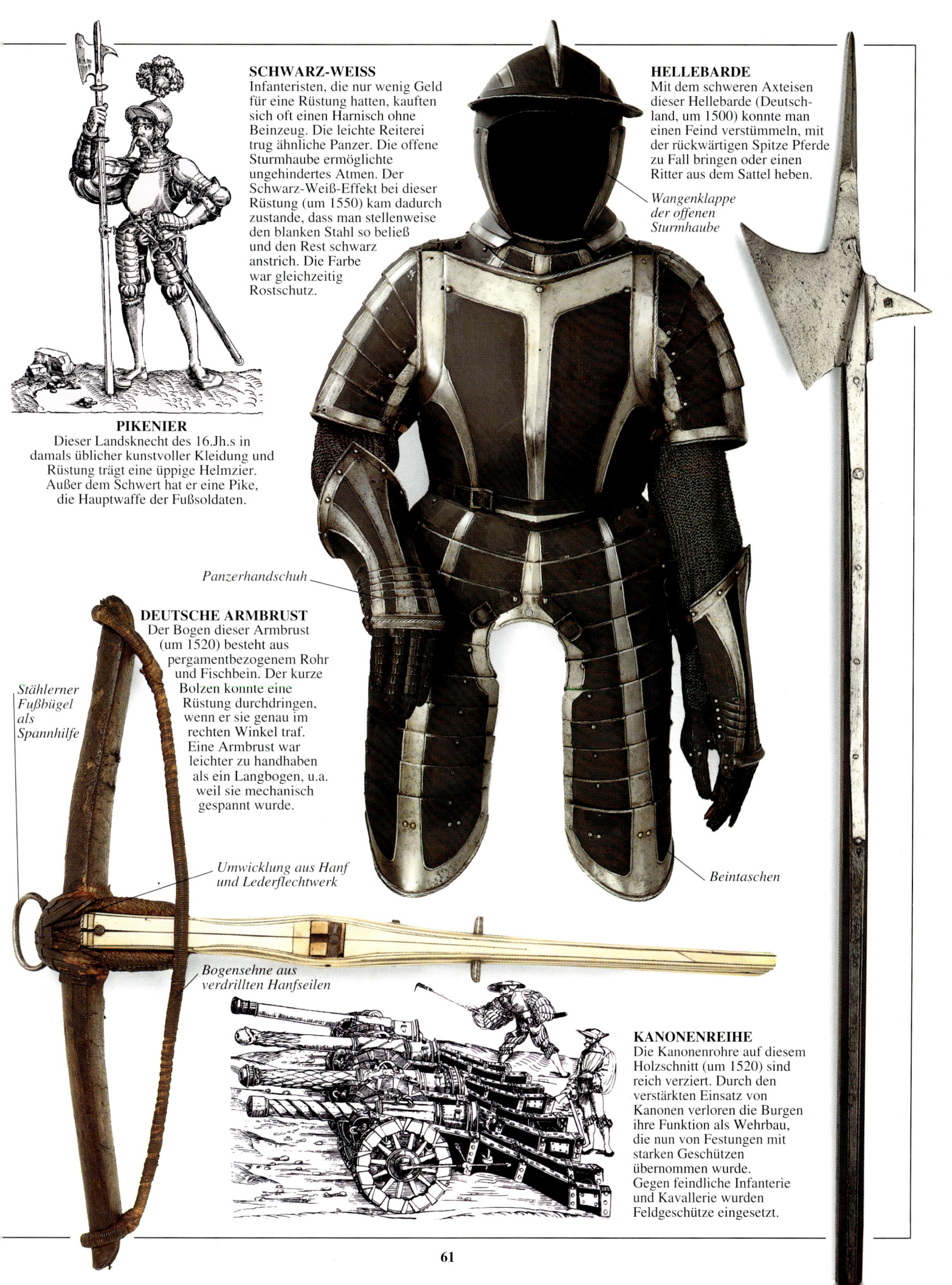

SCHWARZ-WEISS

Infanteristen, die nur wenig Geld für eine Rüstung hatten, kauften sich oft einen Harnisch ohne Beinzeug. Die leichte Reiterei trug ähnliche Panzer. Die offene Sturmhaube ermöglichte ungehindertes Atmen. Der Schwarz-Weiß-Effekt bei dieser Rüstung (um 1550) kam dadurch zustande, dass man stellenweise den blanken Stahl so beließ und den Rest schwarz anstrich. Die Farbe war gleichzeitig Rostschutz.

PIKENIER

Dieser Landsknecht des 16.Jh.s in damals üblicher kunstvoller Kleidung und Rüstung trägt eine üppige Helmzier. Außer dem Schwert hat er eine Pike, die Hauptwaffe der Fußsoldaten.

HELLEBARDE

Mit dem schweren Axteisen dieser Hellebarde (Deutschland, um 1500) konnte man einen Feind verstümmeln, mit der rückwärtigen Spitze Pferde zu Fall bringen oder einen Ritter aus dem Sattel heben.

Wangenklappe der offenen Sturmhaube

Panzerhandschuh

DEUTSCHE ARMBRUST

Der Bogen dieser Armbrust (um 1520) besteht aus pergamentbezogenem Rohr und Fischbein. Der kurze Bolzen konnte eine Rüstung durchdringen, wenn er sie genau im rechten Winkel traf. Eine Armbrust war leichter zu handhaben als ein Langbogen, u.a. weil sie mechanisch gespannt wurde.

Stählerner Fußbügel als Spannhilfe

Umwicklung aus Hanf und Lederflechtwerk

Bogensehne aus verdrillten Hanfseilen

Beintaschen

KANONENREIHE

Die Kanonenrohre auf diesem Holzschnitt (um 1520) sind reich verziert. Durch den verstärkten Einsatz von Kanonen verloren die Burgen ihre Funktion als Wehrbau, die nun von Festungen mit starken Geschützen übernommen wurde. Gegen feindliche Infanterie und Kavallerie wurden Feldgeschütze eingesetzt.

Das Ende des Ritterwesens

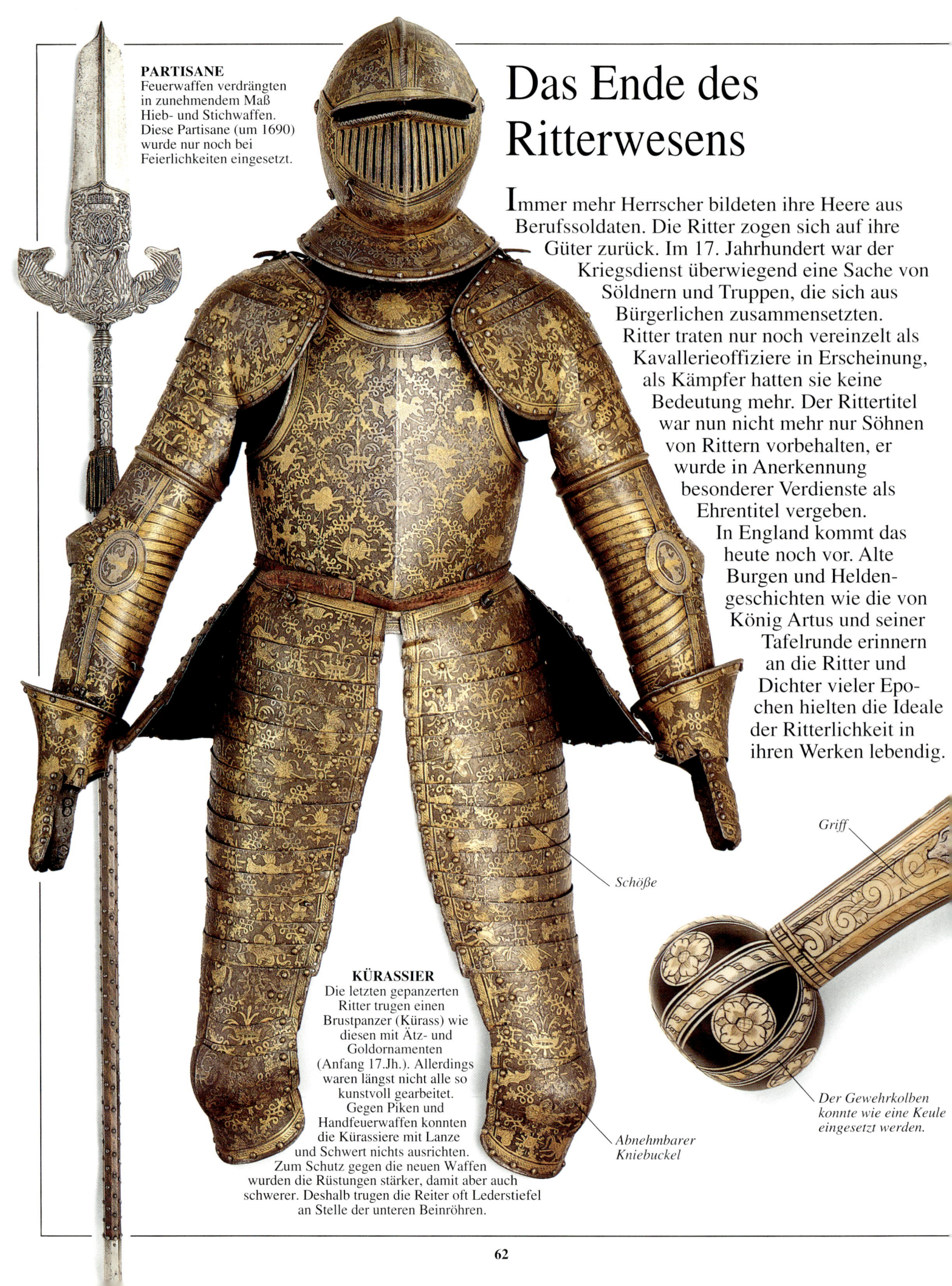

PARTISANE
Feuerwaffen verdrängten in zunehmendem Maß Hieb- und Stichwaffen. Diese Partisane (um 1690) wurde nur noch bei Feierlichkeiten eingesetzt.

Immer mehr Herrscher bildeten ihre Heere aus Berufssoldaten. Die Ritter zogen sich auf ihre Güter zurück. Im 17. Jahrhundert war der Kriegsdienst überwiegend eine Sache von Söldnern und Truppen, die sich aus Bürgerlichen zusammensetzten. Ritter traten nur noch vereinzelt als Kavallerieoffiziere in Erscheinung, als Kämpfer hatten sie keine Bedeutung mehr. Der Rittertitel war nun nicht mehr nur Söhnen von Rittern vorbehalten, er wurde in Anerkennung besonderer Verdienste als Ehrentitel vergeben.

In England kommt das heute noch vor. Alte Burgen und Helden-geschichten wie die von König Artus und seiner Tafelrunde erinnern an die Ritter und Dichter vieler Epo-chen hielten die Ideale der Ritterlichkeit in ihren Werken lebendig.

Griff

Schöße

KÜRASSIER
Die letzten gepanzerten Ritter trugen einen Brustpanzer (Kürass) wie diesen mit Ätz- und Goldornamenten (Anfang 17.Jh.). Allerdings waren längst nicht alle so kunstvoll gearbeitet. Gegen Piken und Handfeuerwaffen konnten die Kürassiere mit Lanze und Schwert nichts ausrichten. Zum Schutz gegen die neuen Waffen wurden die Rüstungen stärker, damit aber auch schwerer. Deshalb trugen die Reiter oft Lederstiefel an Stelle der unteren Beinröhren.

Abnehmbarer Kniebuckel

Der Gewehrkolben konnte wie eine Keule eingesetzt werden.

LEDERWAMS

Solch ein Lederwams konnte Schwerthiebe abfangen und war bequemer als eine schwere Rüstung. Zusätzlich trug ein Reiter der leichten Kavallerie häufig Brust- und Rückenplatte. Deren Kugelsicherheit testete man, indem vor dem ersten Tragen auf sie geschossen wurde.

ALT GEGEN NEU

Auf diesem Stich (1632) hält ein Musketier einen lanzenbewehrten Kürassier auf. Am Sattel des Ritters hängt in einem Holster eine Radschlosspistole, die sicher wirksamer war als die Lanze.

PULVERLADUNG *links*

Ein holländischer Musketier füllt Schießpulver in den Lauf seiner Muskete (frühes 17.Jh.).

Eisenkies erzeugt durch Reibung am Metall Funken, die das Pulver entzünden.

DON QUIXOTE

In seinem Roman *Don Quixote* erzählt der spanische Schriftsteller Cervantes die Abenteuer des „Ritters von der traurigen Gestalt" und von dessen Diener Sancho Pansa. Die beiden kämpfen u.a. gegen Windmühlenflügel, die sie für Riesen halten.

RADSCHLOSSPISTOLE

Besseres Schießpulver und immer mehr Soldaten mit Gewehren ließen die gepanzerten Ritter weiter an Bedeutung verlieren. Kürassiere und leichte Kavallerie waren pro Mann mit zwei Radschlosspistolen ausgerüstet. Den Ebenholzschaft dieser deutschen Waffe (um 1590) zieren Einlegearbeiten aus Hirschhorn.

Ladestock

Schlüsselzylinder

Schraubschlüssel

SCHLÜSSEL

Drehte man mit diesem Schlüssel die Spindel am Radschloss, spannte sich eine Kette an der Hauptfeder. Der „Hund" wurde in die Pfanne gesenkt, das Rad freigegeben. Es rieb sich am Eisenkies und schickte einen Funkenregen in die Pfanne, der Zünd- und Hauptladung auslöste.

Drehbare Schießnadel zum Freimachen des Zündlochs.

Drehringöse zum Aufhängen

Patronenbehälter zum Aufhängen am Gürtel (spätes 16.Jh.)

DER SIEGER

Auf diesem englischen Scherenschnitt (2. Hälfte 19.Jh.) empfängt der ideale Ritter seinen Preis. Die schimmernden Rüstungen, die Suche nach dem Heiligen Gral und andere Artusabenteuer gefielen den Menschen im Viktorianischen Zeitalter.

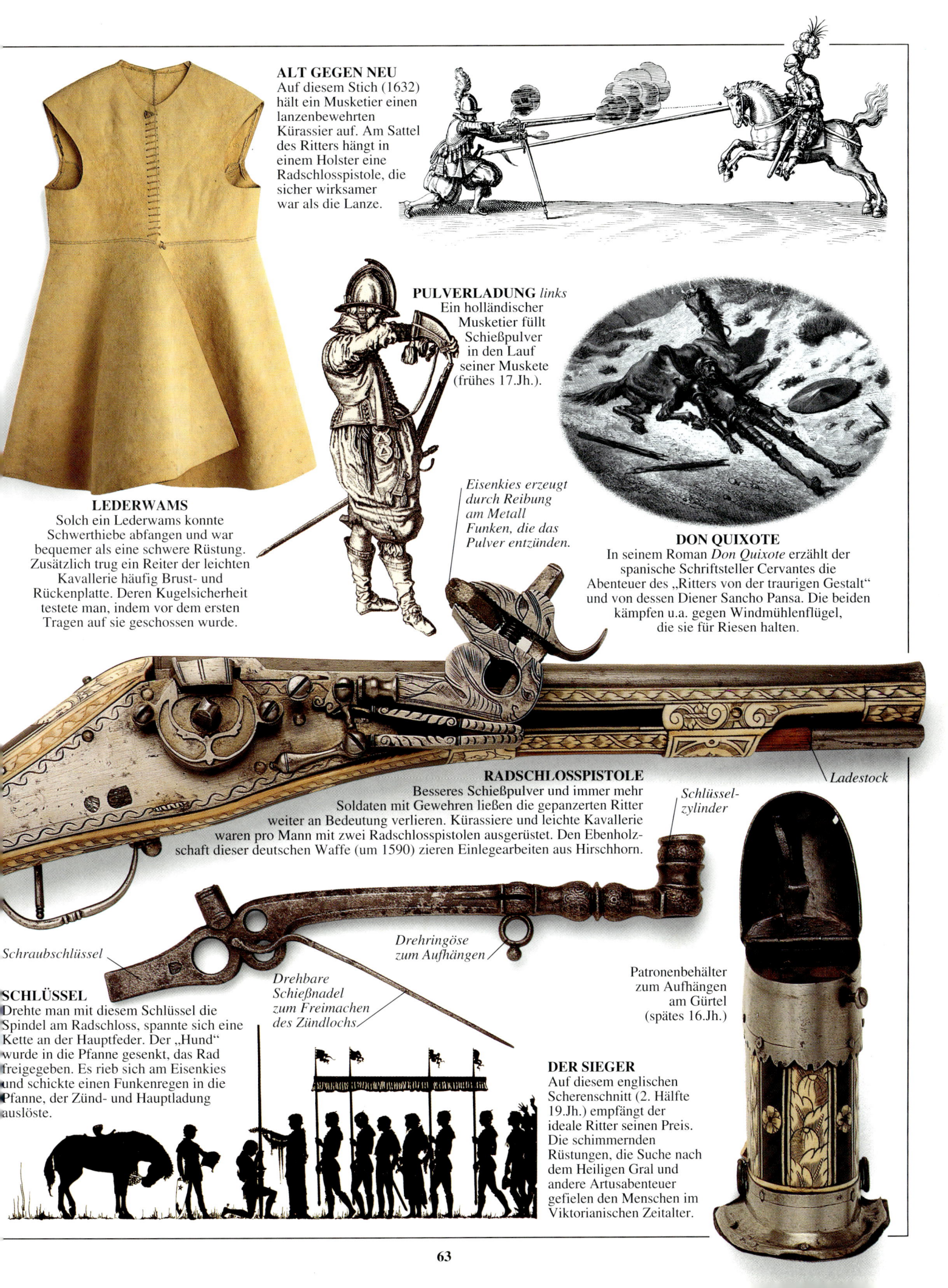

Register

A

Achsel 14–15, 29, 44, 47, 50–51, 55, 58, 60–61
Agincourt, Schlacht von 30, 32
Amiens, Peter von 54
Armbrust 25, 27, 30–31, 50–51, 61
Armbrustschütze 31
Armkachel/Ellbogen- 16–17, 29, 45
Armzeug 17, 29, 43
Artus 34, 41, 62–63
Austauschvisier 46

B

Bacinet 12–13, 46
Barbaren 6
Barbuta 13
Befiederung 31
Beinröhre 17, 28, 62
Beizjagd 50
Belagerung 22, 25–27, 34, 38
Bergfried 22–23
Bidenhander 18, 60
Bodiam Castle 24–25
Bogenschütze 30–31, 32
Bourbonenlilie 48–49
Brechscheibe 18, 43
Brunnen 23, 34
Brustplatte 10, 28, 45
Burg 9, 22–27, 32, 34–36, 38, 40, 49–50, 60–62
Burggraben 22, 24–25

C, D, E

Canterbury–Geschichten 11, 53
Cervantes 63
Chaucer, Geoffrey 11, 53
Courtrai, Schlacht von 30
Crécy, Schlacht von 30, 32
Deutscher Orden 48, 56
Diechling 15, 17, 28
Dolch 29, 19
Don Quixote 63
Donjon 22–23
Eisenschuh 15, 28

F, G

Falchion 19, 49
Fallgitter 24, 49
Faltenvisier/Blasebalg- 14, 60
Feudalsystem 6, 8, 58
Franken 6
Frauen 38–40, 51
Friedrich Barbarossa 54
Friedrich II. 50
Froissart, Jean 44
Fußkampf 18, 29, 42, 46–47, 58
Garde-bras 45
gebläute Rüstung 14, 47
geschlossener Helm 14, 16, 46
Gewehr 25–26, 58, 62–63
Ginevra 41
Gottfried von Bouillon 25, 54
Großer Saal 23

H, I

Halder, Jacob 15
Halsreifen 15, 58
Hastings, Schlacht von 8–9
Heinrich I. 32
Helm 7–9, 12–16, 28–29, 32, 42–44, 46–48, 59
Helmbart 15, 18, 29, 44
Heraldik 48–49
höfische Liebe 38, 40–41
Hund 50–51, 63
Hundertjähriger Krieg 30
Infanterie 7, 30, 60–61

J, K

Jagd 50–51, 39
Japan 58–59
Jerusalem 54
Johanniter 48, 55–57
Jungfrau Maria 52–53
Kapelle 23, 34
Karl der Große 6, 8
Kastilien 49
Katapult 26–27
Kathedrale 9
Katzbalger 60
Keep 22–23
Kesselhaube 13
Kettenrüstung/ Ringelpanzer 7–9, 12–13, 18–20, 28, 32, 55, 60
Keule 9, 11, 13, 18, 30, 43, 62
Keulenturnier 43
Kirche s. Religion
Kloster 52, 54
Knappe 10–11, 28–29, 42, 53
Kniebuckel/-kachel 13–15, 18, 28–29, 31
Konstantinopel 54–55
Krähenfüße 32
Krak des Chevaliers 55
Kredenzmesser 35

Kreuz 48, 52–53, 56–57
Kreuzzüge 13, 54–56
Kürass 28
Kürassier 62–63

L, M

Lancelot 34, 41
Landsknecht 60–61
Langbogen 30–32, 61
Lanze 6, 8–9, 13, 15, 18–19, 30, 33, 42–46, 62
Ludwig XII. 15
Mamelucken 54
Maschikulis 24–25
Maulkorb 21
Maximiliansharnisch 14
Messkelch 52
Mordlöcher 24
Motte 22
Muslime 54–55, 57

N, P

Nachttopf 35
Normannen 8–9
Page 10, 43–44, 46
Pallas 34
Panzerhandschuh/Hentze 12–13, 15–16, 29–30, 43, 45, 47, 61
Pas d'armes 42
Pechdraht 28
Pfeil 9, 24, 26, 30–31
Pferde 6–7, 10, 12, 15, 19, 20–21, 29–30, 32–33, 39, 41–42
Pike 30, 60–62
Plattenrüstung 12–15, 18, 28–29, 31–32, 55, 59
Plattner 16–17, 34
Poitiers, Schlacht von 32

R

Radschlosspistole 63
Religion 52–57
Rennen 44
Ringkampf 10
ritterliche Tugenden 40–41
Ritterorden 54–57
Ritterschlag 11, 40
Rochester 23
Rossstirn 20–21
Rückenplatte 10, 28, 63
Rüsthaken 15, 45
Rüstung 8–10, 12–21, 28, 30–33, 40–47, 55, 58–61, 63–64

S

Samurai 58–59
Sarazenen 55
Schach 34–36
Schädelplatte 21
Schallern 13, 29
Schießscharte 24–25, 23
Schild 6, 8–11, 13, 19, 21, 31, 40, 44–45, 48–49, 55
Schleuderer 30
Schmuck 37–39, 46, 51, 61
Schwebescheibe 14, 29
Schwert 7–11, 18–19, 29, 41–44, 46, 49, 50, 58–62
Siegel 32, 36, 49, 52, 57
Speer 6, 8, 10, 30, 46, 58
Spieß 46, 51, 61
Spinnen 39
Sporn/Sporen 8, 11, 20, 29, 48
St. Georg 40
Stechbrust 22
Stechschild 45
Steigbügel 6, 20

Streitaxt 7, 18–19
Streithammer 19, 47
Streitkolben 18, 29
Sturmhaube 14, 61
Sturmleiter 25–26

T

Tafelrunde 31, 41
Tappert 49
Templerorden 56–57
Teppich von Bayeux 8–9
Tjost 42, 44–46
Torhaus 22, 24–25
Tristan und Isolde 41
Turnier 11, 15, 20, 42–48
Turnierkrönlein 44–45
Turnierschranke 44–45, 47

U, V, W, Z

Unterhaltung 34, 36
Visier 12–13, 14–15, 16, 32, 42, 46–47, 60
Wachtstube 23
Waffenrock 13, 15, 49, 57, 59
Wallfahrt 52–53
Wams 12–13, 28–30, 63
Wandleuchter 34
Wappen 19–20, 34–35, 38, 42, 48–49, 51, 56
Weihwasser 52
Wikinger 8, 22
Wilhelm der Eroberer 8–9
Wolfsjagd 50
Zelter, 20
Zimier/Helmzier 12, 42–43, 59, 61
Zinne 18, 23–25, 40, 48

Bildnachweis